大夏书系·教师专业发展

费岭峰 著

# 怎么做课题研究

给教师的40个教育科研建议

华东师范大学出版社
ECNUP 全国百佳图书出版单位
·上海·

# 目 录

◇◇◇ 自序　走上自觉发展的研究之路 / 1

**第一章　教育科研选题**

问题1：选题在教育科研中有着怎样的意义？/ 3

问题2：将"问题"提炼成"课题"，我们该怎样思考？/ 7

问题3：如何从教育教学实践中挖掘有价值的研究课题？/ 12

问题4：如何从教育改革热点中选取合适的研究课题？/ 17

问题5：如何从经典理论的学习中生成可操作的研究课题？/ 22

问题6：如何在他人经验的启发下寻求适宜的研究课题？/ 27

问题7：如何在已有研究成果基础上确立深入研究的课题？/ 32

问题8：怎样表述研究课题的名称？/ 36

附：2018年浙江省教研系统"选题指南" / 41

**第二章　研究思路设计**

问题9：课题研究方案包括哪些基本内容？/ 45

问题10：课题的提出一般怎么写？/ 49

问题11：如何写好课题的相关研究综述？/ 54

问题12：课题界定可以从哪几个维度写？/ 59

问题13：如何确定课题的研究目标？/ 64

问题14：怎样呈现课题研究的核心内容？/ 69

问题15：如何思考与确定课题的研究路径？/ 74

问题16：如何具化课题研究活动的操作策略？/ 79

"研究方案"示例：

区块链+：整本书阅读"双区块"架构与研究课题方案 / 84

## 第三章 研究过程实施

问题17：怎样理解课题研究实践活动与日常教学活动的关系？/ 95

问题18：如何做好立项课题的开题论证？/ 100

问题19：如何有效实施课题研究实践活动？/ 104

问题20：如何引导课题组成员深度参与研究？/ 109

问题21：课题研究需要积累哪些过程性资料？/ 114

问题22：课题研究过程性资料的积累方式有哪些？/ 119

问题23：为什么要及时做好课题研究阶段性成果的提炼？/ 124

问题24：课题研究阶段性成果总结与发布有哪些样式？/ 129

## 第四章 研究方法运用

问题25：一线教师如何走出行动研究的认识与实践误区？/ 137

问题26：一线教师可以做怎样的教育科学研究？/ 142

问题27：调查研究在一线教师的教育科研中有什么作用？/ 147

问题28：有哪些适合一线教师的课例研究基本范式？/ 153

问题29：叙事研究与个案研究有怎样的联系与区别？/ 158

问题30：一线教师适合做怎样的实验研究？/ 163

问题31：一线教师需要做文献研究吗？/ 168

问题32：在日常教学活动中如何运用教学微调查？/ 173

"文献研究"报告示例：

真问题驱动：跨领域的PBL学习研究述评 / 177

## 第五章　研究成果总结

问题33：课题研究成果总结有哪些表达形式？/ 191

问题34：课题研究报告应具备哪些基本要素？/ 197

问题35：一份高质量的课题研究报告在文字表述上应怎样着力？/ 202

问题36：如何让课题研究成效的表述更具说服力？/ 206

问题37：撰写研究成果报告时如何用好图与表？/ 211

问题38：如何让附件材料为研究成果增色？/ 218

问题39：如何应对课题成果答辩？/ 223

问题40：如何扩大课题研究成果的影响力？/ 228

课题"研究报告"示例：

幼儿体育集体教学活动"四有"设计与实施研究/ 233

◇◇◇ 参考文献/ 251

◇◇◇ 后记：为给自己"减负"而作/ 255

# 自序　走上自觉发展的研究之路

## 一

教师的专业成长，本质上是对教育教学问题解决能力的提升过程。因此，面对教育教学实践中产生的一个接一个的问题，思考解决的方法、策略，是一名教师应然的专业状态。通过教育科研以更加科学、规范的行动去解决问题，不仅可以让教师更高效地实现教育教学目标，还能引导教师走上一条自觉发展的专业成长之路。教育科研做得扎实，可以让教师经历"研中明，明中得，得中立"的过程，最终走向"立中成"。

一线教师进行教育科研的载体是课题。课题的产生源于教育教学实践中碰到的问题。对一线教师而言，做课题研究其实就是去尝试解决问题，一来需要思辨问题的实质，二来需要寻找解决问题的方法。这个过程有利于教师更加清晰地认识问题。此所谓"研中明"。

教育科研的过程，还是教师进一步学习、扎实开展实践、深入思考的过程。在这个过程中，时常有理念与行为的冲突，有实践行动的磨砺反思，更会有教育方法的改变演进。于是，作为研究主体的教师，自然会有教育教学理念的更新和教育教学能力的提升。此所谓"明中得"。如果说教师对教育教学问题的"明"更多的是在认识层面，那么"得"的境界则是行为状态的改变。

此时，教师如果能够将在研究过程中获得的解决问题的方法、策略，在教育教学行动中作进一步的尝试和应用，使其内化为自身教育教学素养的重要组成部分，假以时日，便能站在更高的角度去思考教育问题，突破教学困境，形成具有个人色彩的教学风格，也便有了"得中立"的意蕴。

一名教师的成功，不应该简单地表现在获得了多少荣誉，或是任教班级学生的考试成绩。教师成长的最高境界，应该是对专业的自我认同。唯有如此，他对职业的幸福体验才会是自发的、可以保持的。教育科研的过程是一个集专业学习、学术思考、成果总结与能力提升于一体的过程，其间有扎实的实践活动，有科学审慎的研究态度，还有客观明晰的自我认知，更有实践成果获得认可的成功体验。

所以，通过教育科研这种相对专业的途径获得专业成长的教师，会有更高的职业认同度，也更易激发他们自觉发展的意识。

## 二

当我涉足课题研究，以科研的思维思考教育教学问题，解决教育教学问题时，才真正体会到教育科研"发展自觉"的独特魅力。通过课题研究，思考教育教学问题，探索教育教学规律，过去是，现在是，将来仍是我工作的重要组成部分。回顾我的教育科研经历，可以分为三个阶段。

自发研究阶段：1995年10月开始，我参加了秀洲区首期"小学数学教师研讨班"。全区参加首期区研讨班的老师不到10人，带班的是区数学教研员蔡海根老师。在研讨班开班不久，蔡老师便要求我们每人做一个课题。那是1995年，关于教学研究的课题在农村乡镇中心小学还是个新鲜事物，参考资料很少，可以学习的经验几乎没有。好在自己有了一定的教学实践经验，便确立了"在小学中高年级学生中培养自学能力的实践与研究"这一课题。记得那个时候实施方案还是手写，我在方格纸上认认真真写了5页。作为第一个研究课题，虽然没有在上级科研规划部门立项，但我还是很认真地做好研究工作。研究过程中，我渐渐体会到，以前对课堂教学的思考更多的是零碎的、不成系统的，有了课题以后，对课堂教学的思考则有了明确的视角。特别是在明确了"以预习作为培养学生自学能力"的着力点后,每次上新课的前一天,我总是精心设计预习题,让学生回去自学课本内容,课中则以反馈预习成果为线索组织教学,努力引导学生自主学习,课后及时作好反思分析。一有开课的机会,我也尝试展示课题研究思路,与听课教师交流。我在市"教坛新秀"的展评课"平行四边形的面积",主体部分就是小学高年级学生自学能力培养的研究。课堂上,学生围绕预习思考题自主学习数学的活动,给评委们留下了深刻的印象。随后,我又在市级小学数学课堂教学展示活动中执教公开课"分数除法应用题"时,再次以学生先预习、教师再教学的思路来设计,虽因对象在"预习—展示"方面的经验不足,造成教学效果不是很好,但通过预习培养学生自学能力的思路还是得到与会专家和老师的认可。

有了研究课题,我对课堂教学的研究似乎有了"抓手",积累了丰富的资料,在撰写第一篇论文《课前预习与学生自学能力的培养》时,也有了更多的切身体会和深入思考。文章获得当年市级小学数学教学论文评比一等奖、省级评比三等奖。这似乎填补了我区数学教师参加省级论文评比的获奖空白,也使我找到一条以研究提升专业素养的成长之路。

自觉研究阶段:教学是需要研究的,但要找到合适的研究视点绝非易事。自"在小学中高年级学生中培养自学能力的实践与研究"课题结题后,我便开始思考下一个研究课题。1998年7月,我以"充分发挥信息交流的功能,切实加强学习方法的指导"为题,确立了第二个研究课题,并申报了市级规划课题。9月,此课题被市教科规划办立项。经过一年多的实践研究,研究成果的主体部分获得1999年度浙江省小学数学论文评比三等奖。1999年7月,我再次确立"小学数学活动课'引导探索、启发创新'教学模式的探索与研究"这一课题。这些课题虽然也有一定的价值,但由于研究视点不够清晰及自身经验不足,研究不够深入,成效也不大。特别是"数学活动课教学模式的研究",与日常数学学科教学联系不够密切,要开展研究,还得特意开设数学活动课。这不但增加了教师的工作量,实效性也不强。找到一个既与日常教学工作密切相关,又具有一定价值的研究视点,显得至关重要。这期间,正是传统课堂教学较为封闭的组织形式受到全面质疑的时期,"开放的、能够让学生自主学习的课堂"成为时代的要求。于是，借参与区教研室蔡海根老师主持的省级规划课题"小学数学开放题教学探究"研究的时机，我确立了"小学数学开放性教学的实践与研究"这个课题，把教学研究的视点放在教师教学理念的转变和课堂教学组织形式的研究上来。

可以说，"小学数学开放性教学的实践与研究"是我教育科研过程中的重要课题，是我对"在开放的背景下组织学习活动"系列化研究的起点。自课题确立后的一年多时间，我带领课题组成员厘清研究思路，反思研究问题，围绕课堂教学实践展开研讨，开设了一系列研究课。同时，在一些展评课中，我也实践着课题研究的思路。如在参加市级双高课评比中执教的"圆环的面积"一课，便是以"开放性教学"为设计思路，用"活动生成"与"策略开放"来贯穿整节课，获得了市"高质量、高效率"课堂教学评比一等奖；在市小学数学研究会第五届年会上展示的"'分数乘法应用题'复习"一课，"开放"学习背景下生成学习材料的特色吸引了与会专家和教师，他们纷纷表示"开放性教学使学生的学习更为活跃，学习活动更能体现学生的主体作用"。

在理论层面，我就开放性教学特征和组织策略进行了深入的思考，撰写了《开放性教学的内涵》一文，阐述了对开放性教学的理解；撰写《试析数学开放性教学的实施策略》一文，总结了开放性教学的组织策略；整理的教学案例《把思维的空间留给学生》发表于《中小学数学》2002年第3期。经过深入思考、认真总结的课题研究成果，获得嘉兴市首届小学教师科研成果评比一等奖、秀洲区首届教育科研成果评比一等奖、嘉兴市第三届优秀教育科研成果评比二等奖。应该说，通过"开放性教学"的研究，不仅让我对课堂教学的理解更为深入，也找到了一个适合自己思考与探索的研究视点。

当然，"开放性教学研究"更多的是局限于理念层面的探索、教师组织教学方面的思考。课堂教学最终是为学生的发展服务的，所有的活动都应该以学生的发展为落脚点。当我在关注开放性教学策略及教师层面的引导的同时，对学生的数学学习活动越来越关注，感觉到让学生的数学学习活动产生更大的效益其实才是"开放性教学"的立足点，自己的研究视点需要调整。于是，"小学数学教学活动化的实践与探索"课题应运而生。这是从"开放性教学关注教师课堂教学设计"转向"活动教学关注学生学习活动"的转折性课题。从这一课题开始，我在课堂教学研究时的重心开始真正转向学生。此时，我似乎进入科研自觉的状态，深刻地体会到教育科研是解决教育教学问题的重要方式，教师坚持教育科学研究对其专业发展有着重要的价值。

系统研究阶段："小学数学活动教学研究"是2002年五六月提出的，它是"小学数学教学活动化的实践与探索"的深化，当年9月市级立项，2003年1月省级立项，2005年1月又被立项为省"十五"规划重点研究课题。在我的认识中，从"开放性教学的实践与研究"到"数学活动化教学探索"，再到"活动教学研究"，其实是从对"课堂教学背景"的关注到"学生数学学习活动"的关注在研究视点层面的一种转移，是教学研究不断具体、深化的过程。从时间上看，2002年开始，"数学活动教学"的实践研究历时十多年，我虽然换了好几所学校，但没有放弃课题研究，反而是越来越深入。无论在哪里，关注数学活动，思考数学活动的有效与否，成为我研究课堂教学的关键点。对"活动教学"的思考自然渗透到日常课堂教学实践中。对"数学活动"的关注成为一种自觉的意识，成为一种常态化的思考。如"商的近似值"一课，"围绕学生自主学习产生的问题由学生自主活动，探索解决"；"射线与角"一课则"以引导学生进行体验式活动"为主体；"分数的意义"一课，则体现了"以活动促进学生思维发展"的活动教学的核心价值观。在各类研讨活动中展示时，围绕"活动教学"理念设计的课更是达到50余节。

我对"活动教学"理论层面的思考也在不断深入，研究成果多次在省级以上专业刊物公开发表。其中，有对数学活动教学模式进行梳理的，有对活动教学各环节"数学活动"的特点作出分析的，有对"数学活动"目标的确立依据及策略作阐述的，还有关于对小学数学课堂教学中的"有效活动"进行思考的。许多在实践基础上产生的有关"数学活动教学"的典型课例，也相继在专业期刊上发表。《学生的学习是否真的发生》发表于《中小学数学》2005年第1、2合期，《以活动促进学生的思维发展》发表于《小学青年教师》2006年第11期，《"小棒操作"为哪般？》发表于《中小学数学》2007年第3期，《"圆柱的认识"教学实践与思考》《有了"主题图"以后》《教材可以这样处理吗》《新课程下一节"应用题"课的教学与思考》《回归本源，为学生的数学理解找到支点》则连续发表于全国中文核心期刊《小学数学教师》。这些教学案例的发表，从实践层面说明"活动教学研究"成为一种常态化研究的事实。

自2010年8月任职教研员以来，关于"数学活动"的设计与教学的研究仍然是我进行课堂教学实践与研究的重要视角。这些年来，我实践的许多课，比如"认识钟表""周长的认识""分数除以整数"等，仍是对"数学活动"与"活动教学"研究的体验与总结。2014年期间，便有了整理"数学活动"教学相关成果的想法，而且书稿的提纲也已拟好，却因没有集中的时间静下心来而迟迟没有动笔。直到2016年暑假，才有了一个月的时间完成书稿。

应该说，关于"数学活动"研究课题成果专著的完稿，是一个长期实践、思考与研究的结果。它既是关于"数学活动"设计与教学研究的成果，更是关于数学课堂教学、学生数学学习思考研究的成果，因为书中不仅有对"数学活动"与"活动教学"的研究和实践，更有我对小学数学课堂教学的思考与理解。2017年7月，专著《课堂的魅力——小学数学活动设计与教学》由华东师范大学出版社出版，成为"大夏书系"数学教学培训用书中的一种。至此，关于"小学数学活动教学"的研究成果得以物化，并在更广的平台上得到推广。

# 第一章
## 教育科研选题

选题,课题研究的开始。

有选题,就有思考,有动力,有发现,有成长……

——"我的研究感悟"

# 问题1：选题在教育科研中有着怎样的意义？

对于教育科研来说，选题是指经过选择来确定所要研究的问题，包括提出问题和确定问题。[1]选题是课题研究的开始。在一定程度上，选题决定了课题研究的价值与质量。[2]因此，对于一线教师的教育科研来说，选题在课题研究中起着重要的定向作用。它不仅决定研究者现在和今后科学研究发展的方向、目标与内容，而且在一定程度上规定了科学研究应采取的方法与途径。[3]

一线教师的日常教育教学工作较多，让他们从繁杂的工作中确定某个主题进行研究，不是一件容易的事情。从实际情况来看，一线教师在课题研究的选择上还存在诸多困难。比如，对某个主题的研究价值难以准确定位，对问题现状的分析与解决策略的思考时常不够清晰，当然还包括将问题转换成课题的思考力不足等。实践表明，选题是否恰当、合理、有意义，是一线教师课题研究中首先要做好的工作。这既是其对研究问题进一步明确的过程，也是对自身教育教学实践活动现状作进一步分析与思考的过程。

一般而言，一线教师在选择教育科研课题时，有两种思路：一是分析自身实践的过程，从实践中寻找有价值的研究点，通过研究总结自身的成功经验或问题解决的经验，提炼相关策略，形成研究成果，研究的目的在于"总结提炼"，这通常为一些有经验、有特色的教师所采用的课题研究选题策略；二是教师在对一些前瞻性的教育教学理念进行学习思考的基础上，结合自身的实践提出研究课题，更多地体现着思辨探索的意图，比较适合有一定探索意识与创新精神的一线教师。具体到实际的工作中，可以通过以下两个维度

---

[1] 裴娣娜，郭华，刘志军，等.教育科学研究方法[M].沈阳：辽宁大学出版社，1999：33.
[2] 李冲锋.教师如何做课题[M].上海：华东师范大学出版社，2013：18.
[3] 同[1]。

进行思考，挖掘研究价值。

# 一、分析应然与实然的矛盾冲突

"应然"，即本来应该成为的样子；"实然"，即实际存在着的样子。一个有意义、有价值的课题，其提出是在教育教学应然与实然间矛盾冲突深入思考的基础上的生成，具有较强的现实意义。在实际的教育教学工作中，应然一般由理论导向和政策导向两个因素决定。

理论导向，即从人的学习规律或教育的一般规律角度去发现问题与发掘研究点，此时心理学和教育学中的相关理论显得尤为重要。如浙江省嘉兴市秀城实验教育集团钱倍倍老师做了一个"阅读教学中学生言语能力建构的策略研究"（浙江省教研课题，立项编号：042023）的省级课题，她在课题的提出部分提到言语的本质特征："言语是个体掌握和运用语言的过程和结果，是动态的、主观的，它在符合语言规则的同时，具有鲜明的个人特色。"因为言语具有这样的特征，所以在发展学生的言语能力时，需要了解与把握其固有特征，遵循言语能力习得的基本规律。再如，一位教师在做"小学家庭作业创新设计研究"[①]这个课题时，将国内外教育学者认为的"家庭作业的价值在于它超越了在校学习的限制，有助于学生加深对学习内容的理解、拓展学习资源、调整学习策略、养成良好学习习惯"作为研究"家庭作业创新"的理论起点，也是一个很好的逻辑起点。

政策导向，即从国家到地方下发的与教育教学工作相关的政策、条例、意见等指导性文件的要求或精神，这应该是一线教师进行教育教学研究的重要依据。比如，有教师想做关于"作业改革"的课题，便应该了解省市课程改革文件中关于"作业改革"的要求与规定。如《浙江省小学数学学科教学建议30条》（以下简称《建议》）的第三部分就是关于"作业设计与辅导"的。而如果是那位在数学"家庭作业"上作创新研究的老师，还要关注《建

---

① 本课题负责人为浙江省嘉兴市行知小学王芳萍老师。

议》中的第18条、第20条及第26条的内容要求。①我想，这个《建议》里的关于"作业设计"的内容便是小学数学作业政策层面的应然要求，也是小学数学教师改革数学作业需要遵循的基本要求。

应该说，理论导向和政策导向是教育教学的应然状态。当教师依据应然状态去分析判断教育教学实然状态，发现两者间存在矛盾时，就找到了教科研选题的着眼点。此时的矛盾就是教育教学实践中存在的问题，需要教师通过实践研究加以解决。如那位研究"家庭作业创新"的教师，在对学校三至六年级的学生进行有关"家庭作业"的调查时发现：约60%的学生喜欢"实践型作业"，而难题并不是学生的最爱，仅占被调查人数的百分之十几。在家长建议部分，不少家长指出，作业针对性、活动性要强一点；多布置生活实践方面的；机械训练类可以相对减少；布置一些自由度高的作业；按照学生需求选择不同层次的练习……这些正是该课题研究的出发点和研究目标。该教师试图通过"小学家庭作业创新设计研究"这一课题解决这些问题。这体现了本课题的研究价值与实践意义。

## 二、把握整体与局部的内在关联

教育教学工作有着整体与局部两个视角。一线教师的教育科研选题同样需要考虑这样两种视角。事实上，由于视角不同，人们看待事物时，对事物形象的描述会有很大不同。在教育科研课题中，研究视角往往会影响到课题研究的创新与否，内容、策略的创新等都可以成为教科研课题研究价值的体现。比如，在"互联网＋"时代，有教师提出"基于'电子书包'的课堂实践与探索"的课题，也有教师提出"基于'自适应'理念的数字化学习模式构建研究"这样的课题。将互联网引入课堂，为我们的教学服务，为学生的学习所用，从内容创新到策略创新，确实可以成为进行实践研究的课题。

然而，许多一线教师提出研究课题时，对整体与局部的内在联系缺少准确把握，致使研究视角模糊、不清晰，研究内容泛化、缺少创新。如有老师

---

① 斯苗儿，俞正强，等.浙江省中小学学科教学建议案例解读——小学数学［M］.杭州：浙江教育出版社，2014：276-277.

提出"提高小学数学问题解决教学有效性的实践研究"这样一个课题，可以推断，这是基于小学数学问题解决教学是数学课程改革中的难点，而现在的小学数学在这方面的教学效果却不太好，需要在实践中改进教学过程，提高课堂教学的有效性而提出的。但从选题的视角来分析，这样的课题缺少深入研究的抓手，不利于研究者实际操作。我们是否可以从整体与局部的内在关联性上思考，挖掘新意，寻找抓手，确定课题，创新研究视角呢？

一则可以从内容视角进行调整，将研究主题改成：素养视角下小学数学问题解决教学的策略研究。此"题"中，"素养视角"是整体，"问题解决教学"是局部，即将教学有效性以"素养"的维度给予具体化，研究者可从素养视角思辨小学数学问题解决的教学目标，重构学习目标，创新教学策略，从而提高数学问题解决教学的有效性。

二则可以从策略视角进行调整，将研究主题改成：小学数学问题解决"三试三探"教学路径实践研究。此"题"中，"数学问题解决教学"是整体，"'三试三探'教学路径"是局部，从小学生经历数学问题解决的三个层次进行教学改进探索："初试浅探"，初步体会数学问题解决的过程，探索问题解决的基本方法；"再试深探"，巩固对数学问题解决方法的理解，适当经历变式过程，积累相应的数学活动经验；"后试拓探"，组织学生探索蕴含高层次思维要求的问题，适当提高学习要求，提高学生数学问题解决的水平。这种基于教师实践的选题视角，比较容易形成课题的研究路径，易于结合教学实践进行操作，从而改进教学，解决实践问题。

以上两种选题的思考维度，是一线教师做课题研究时选择课题的基本维度，也是课题研究价值所在。当然，无论是抓住应然与实然间的矛盾冲突选择研究主题，还是把握整体与局部间的内在关联选择研究主题，均是引导一线教师在时代快速发展的背景下思考教育教学问题，并能从小处着手，将小题做大，探索归纳一般化的教育教学规律，为一线教师解决教育教学实际问题提供帮助，为更好地培养时代发展需要的人才服务。

# 问题2：将"问题"提炼成"课题"，我们该怎样思考？

关于问题，《现代汉语小词典》中有四种注释：①要求回答或解释的题目；②须要研究讨论并加以解决的矛盾、疑难；③关键，重要之点；④事故或意外。①可以看出，问题是一种现状、客观存在。关于课题，《现代汉语小词典》的注释为：研究或讨论的主要问题或急待解决的重大事项。②不难理解，课题是一种问题，但不是一般的问题或事项，是需要研究或讨论的主要问题或重大事项。可以看出，问题是课题的基础，没有问题就没有课题；课题包含着问题解决的策略、方法，是问题解决的途径之一。问题和课题两者有着密切联系。以此类推，我们所说的教育科研课题与教育教学问题之间同样有着不可分割的联系。可以说，教育教学问题是教育科研课题研究的起点，教育科研课题是寻求教育教学问题解决方式的过程。

显然，教育教学问题和教育科研课题之间存在着相互依存的关系，它们是有联系的，但也有着一定的区别。基于问题和课题的特点分析，可以说，教育教学问题是一种在教育教学活动中出现的现象，同样是一种客观存在；教育科研课题便是研究或讨论教育教学问题过程中形成的一种假设，一种亟待验证的解决问题的方法。课题是人们主观关注、主动探索问题的产物，课题研究是问题解决的方式。③

在教育教学实践中，一线教师时常混淆教育教学问题与教育科研课题，将问题直接作为课题提出，缺少对相关问题的专业思考与价值分析，对教育

---

① 中国社会科学院语言研究所词典编辑室.现代汉语小词典[M].北京：商务印书馆，1988：588.

② 同上：310。

③ 李冲锋.老师如何做课题[M].上海：华东师范大学出版社，2013：3.

科研课题的研究抓手或路径把握不准,造成课题研究的目标不明确。比如在幼儿园里,由于幼儿年龄比较小,在学习生活中规则意识比较弱,于是如何增强幼儿的规则意识成为一个问题。有教师想基于此问题做课题研究,便设置了这样一个课题:如何培养小班幼儿的规则意识。这样的说法虽然包含了研究对象和内容,但尚没有课题所应具备的假设内容,研究点不明,操作点模糊。这样的课题更多的是呈现了一个客观存在的问题而已。

对于一线教师来说,将教育教学实践中存在的问题提炼成研究课题,确实有一定的难度。以下从四个维度加以探讨与分析。

## 一、思考问题的专业内涵

从问题的定义出发,教育教学问题是在教育教学实践活动中存在的,需要加以解决的矛盾、疑难。当我们在教育教学实践过程中想要把这些矛盾、疑难转化成课题,首先需要从专业的角度去剖析与思考。

比如,有一位从城市去农村支教的英语老师发现,农村初中学生的英语口语水平与城市学生相比弱了许多,这是一种现状,是一种客观存在,就此可产生"如何提升农村初中生的英语口语水平"的问题。要将这个问题转化成研究课题,除了一般的工作层面的思考,即凭经验、直接指向于问题解决的方法运用之外,还需要从学科专业维度进行剖析与思考,即明晰初中生英语口语的基础水平与提高水平的表现;需要对农村学生口语水平弱的原因进行调查,分析问题产生的原因;提出问题解决策略路径的同时,需要对英语口语训练的一般方法及交流技巧作深入思辨,并对策略路径间的内在逻辑进行分析。

从学科专业维度对问题进行剖析,有助于把握问题本质,并据此提出延伸性的问题。

## 二、挖掘问题的价值所在

并不是所有的问题都是有研究价值的。对于一线教师而言,能作为课题研究的教育教学问题需要从内部和外部两个方面去分析其研究价值。一是内部价值，即对本学科的教育教学实践有着比较强的指导作用，若能在理论或实践层面有一定的创新性则更好。二是外部价值，是指对本问题研究的一些方法或策略，甚至对本学科或者本内容之外的其他内容有着借鉴与指导意义。要使研究的问题有价值，就要做到从大处着眼[①]，也就是所说的研究视眼。

以当下课程改革的大背景而言，有些问题本身不符合现实生活实际，有些甚至是与教育发展理念相违背的，对于以此类问题为起点提出的课题便是没有意义、缺乏研究价值的。如"如何培养学生的应试技巧"这样的问题，便与素质教育的理念相背离，显然不具有研究意义。有些课题虽然没有以此类问题作为重点，但在问题解决的背后旨在助长机械式学习风气，有违基本的科学原理、学习理论，同样缺乏研究的意义和价值。

挖掘教育教学实践活动中产生的问题的价值，是将教育教学问题提炼成研究课题的关键。比如，"如何提高小学生的习作能力"这样一个问题，如果单纯从写作技巧的角度来提出研究课题，仅仅研究布局谋篇、遣词造句等，其价值就变低了。如果从激发学生的表达欲望、培养学生的语言表达能力与运用能力的高度来研究，便符合课程改革的方向，更能体现学生核心素养的培养，也就能让研究"学生习作能力提升"这样一个问题的价值得到更高位的体现。

## 三、找到问题的探究要点

其实，这是关于问题解决的可行性思考，也是对课题研究立足点的思考。所谓可行性，是指将问题提炼成课题时是可研究的，"存在着现实的可能性的"。一般从三个方面考虑：一是客观条件，即必要的资料、设备、时间、经费，甚至技术、人力等；二是主观条件，指研究者对这个问题的认识水平、知识能力基础及经验专长等；三是时机问题，即对这个问题的思考积累是否达到能够解决的那个时间点。这些条件都会成为问题转化成"课题"

---

① 裴娣娜，郭华，刘志军，等.教育科学研究方法[M].沈阳：辽宁大学出版社，1999：34.

的影响因素。

对课题研究立足点的思考,也是在解决某个问题时对解决策略或路径的进一步聚焦、挖掘。我们知道,解决某个教育教学实践活动中存在的问题,方法、路径往往是多样的、多元的。作为研究课题提出时,并不是所有的策略、路径都作为研究内容来研究才是好的,而是要从小处着手,适度聚焦,选取一个方面或一条策略进行研究探索。这就是韩非子在《喻老》篇中指出的"天下难事,必做于易;天下大事,必做于细"的体现,也应该成为课题研究可行性思考的重点。

比如前文提到的解决农村初中生英语口语水平弱的问题,可以设计"基于农村初中生口语能力提升的听说教学对策研究"这样的课题,从英语听说教学的角度研究,着重改进听说教学过程中提升学生英语口语能力的方法。当然,也可设计诸如"初中生'十分钟'口语交际活动的设计与实践研究"这样的课题,从课内和课外两个维度,以创设口语交际活动的方式,增加农村学生口语交流的时间,从而解决农村学生英语口语交际水平弱的问题。当然,还可以有"农村初中英语'生生互助式'的口语交流活动实践研究"等课题。这样的研究课题,因为研究点较小,有利于一线教师在做好日常教学工作的同时,聚焦研究点,思考研究策略,解决实际问题。

## 四、细化问题的逻辑结构

思辨教育教学实践问题的解决路径前,需要进一步细化、分解教育教学问题,这是对问题内在逻辑层次的梳理过程。从以上对问题研究立足点的思考来看,基本的策略是:基于确定的某个课题的研究框架,在深入研究时对相应的问题延伸分析,从初始的问题引申出一系列问题,从而思考相应的解决策略或方法。

比如,基于"如何提高小学生的习作能力"这个问题,提出"语用立意的小学生习作教学策略研究"这样的课题。研究起始,我们需要思考是否将其分解成多个维度的子问题,以便研究相应的策略、方法?比如,语用立意的表达具有怎样的特质?小学阶段的"语用"一般体现在哪些方面,以怎样的形式出现？语用立意的习作教学的关键点在哪里？语用立意的习作指导课的基本操作流程应该具备怎样的特征？等等。在这些问题中，前面三个问题属于课题研究核心概念的思考，是后续实践研究的理论基础；后面两个问题属于对研究策略路径的思考，是课题研究得以落实的必要过程。显然，针对这些问题的思考对接下来的深入研究有着重要的意义。

总之，从教育教学问题到教科研课题，对问题的思考特别关键。可以说，在课题研究的起始阶段，只有对研究问题作深入的思考，才能提出具体的研究假设，扎实而有效地开展研究实践。

# 问题3：如何从教育教学实践中挖掘有价值的研究课题？

在实践中，教师的研究课题往往产生于四个方面：一是自身的教育教学实践，二是当前的教育改革热点，三是专业的理论学习，四是同伴实践经验的迁移。本节先来讨论如何从自身的教育教学实践中挖掘有价值的研究课题。

日常的教育教学实践，是教师选取教育科研课题最肥沃的土壤。一线教师几乎每天都在经历着教育教学实践活动，难免会产生一些困扰他们的问题。一些问题可能比较容易解决，但更多的问题并不是一蹴而就被解决的，需要一定的科学研究与探索才能找到比较好的解决办法。

从教育教学实践范围来看，一线教育工作者一般会碰到三类问题：第一类是从整体性上思考学校如何规划、如何发展的问题；第二类是在某一条线工作或者某个学科实践活动中产生的问题；第三类是在某一条线或个别学科实践中涉及的环节、活动、方法等问题。因此，我们可以从相对宏观、中观与微观三个层面生成、挖掘研究课题。

## 一、宏观层面：基于学校整体发展的教育科研课题的确立

从一线教育工作者的工作范畴来分析，宏观层面关于学校整体发展的问题一般由以校长为代表的学校管理者思考、梳理与挖掘。提出课题时，主要以理念式、方向性的特色词为抓手，以展现办学者想体现的办学思想或办学理念。宏观层面的研究课题，其研究工作一般不是一两年就能完成的，更多的是经过多轮次的研究（即几轮申报），逐步完善，渐渐深入。其课题生成

与发展是一个持续、不断完善的过程。

比如，浙江省嘉兴市实验小学坚持了多年的"小学和谐教育研究"这一课题。"我们于1998年开始了'小学和谐教育研究'的思考与探索。我们希望学校以此课题的研究为起点，将之前集中在课堂教学层面的单向度的探索，集中和提升到学校整体的层面。通过对学校的整体形态、内在基质和日常教育实践等各个方面的深度变革，来促成一个新型现代化学校的诞生。我们认为这既是学校发展到一定阶段的必然的提升，也是我们这所有着丰厚历史底蕴的百年老校对这样一个大时代的有责任的回应。"[1]

从嘉兴市实验小学提出"小学和谐教育研究"这一课题的初衷来看，其意在解决如何整体规划、统领教师零散研究，以此形成学校办学特色的问题。事实上，该课题是从市级规划课题到市级重点课题，然后又到浙江省规划课题，后来又以"小学和谐教育发展性研究"为题，再次立项为浙江省"十二五"重点研究课题。整个研究历时十多年，在信息化技术更为发达的今天，该校的管理者还在持续思考"和谐教育"的时代内涵，以研究探索新形势下"和谐教育"的推进策略。这是基于学校整体发展探索研究产生的相对宏观的课题的基本特点。

## 二、中观层面：基于条线或学科实践的教育科研课题的挖掘

从一线教师的工作性质来看，基本分为两类：一类是与教育教学活动相关的工作，称之为教育教学工作；另一类是为保证学校各项工作正常运作的行政管理或业务管理，暂且称之为管理工作。当一线教师从这两类工作出发选定研究视角，试图思考、解决某条线工作或某学科教学问题而确立的研究课题，一般属于中观层面的课题。此类课题有时需要经历几个阶段才能逐步完善。

如课题"创新幼儿园主题活动教学管理的实践与研究"（2012年浙江省

---

[1] 张晓萍.和谐,教育的发现与回归[M].上海：上海辞书出版社,2005：19-20.

教研立项课题，立项编号：041001）[①]，是一位幼儿园管理者在对幼儿园主题活动教学中存在的问题进行思考基础上提出的研究课题。研究内容主要包括对主题活动教学常规管理功能的思辨、主题活动方案的设计管理、主题教学活动实施过程的管理及日常主题教学活动的动态评价机制建设四个方面，几乎涵盖幼儿园主题教学活动的全过程，研究内容相对比较宽泛。

再如课题"小学德育案例教育校本化研究"（2013年浙江省教科规划重点课题，立项编号：SB070）[②]，是一位校长主持的探索改进学校德育实践方式的研究课题。她从研究自身实践的"德育案例"开始[③]，在实践过程中，逐步生成"案例德育"的研究思路。此课题也是从市级课题开始研究，到省级一般课题，最后立项为省级重点课题，十分典型地体现了教师或学校管理者源于自身教育教学实践活动选题的特点。

当然，对广大一线教师来说，从学科教学维度确立中观课题是最普遍、最常用的方式。此类课题的研究内容一般包括学科的整体性建设或某教学内容的优化，如小学语文学科的"突出'语用'的小学中高段语文阅读教学实践研究""小学生生活作文教学研究"等，小学数学学科的"小学生几何直观能力培养的实践探索""小学数学活动教学研究"等，其他学科同样如此。

## 三、微观层面：基于微型节点问题解决的教育科研课题的选择

微观层面的课题，是广大一线教师做微型课题研究的开始。所谓微型课题，即研究点相对较小的课题，又叫"小课题""个人课题"。微观层面的课题，由于其视域、论域、切口、角度等都比较小，需要对教育教学实践活动产生的问题进行分解，寻求聚焦点，以利于问题解决。如冯卫东老师在其专著《今天怎样做教科研：写给中小学教师》一书中提到"小学中年级学生阅读摘抄实效性的研究"，因其"研究的只是一个年段（如小学中年级）的学

---

[①] 本课题负责人为浙江省嘉兴庆安秀城幼儿园屠建芬老师。
[②] 本课题负责人为浙江省嘉兴市东栅小学范冬云校长。
[③] 范冬云.小学德育案例教学研究的实践与探索[J].教育理论研究，2005（5A）：7-9.

生某一种学习行为（如阅读）中的某一个具体学习方法（如摘抄）上的某一个方面的问题（如实效性）。……课题所指向的就是一个比较小的又不太容易引起人们关注因而有些新意的问题"。①

像这样的选题视角，在不同学科的教学或教育教学管理工作中随处可见。如德育活动中的"积分卡"有效运用问题、班级管理中的"班干部轮值制"问题、小学生数学解答中"草稿纸的使用"问题等。事实上，基于微型节点问题解决的课题选题方式，是一线教师常用的选题方式，也是最为一线教师所喜欢的。

当然，对于一线教师而言，从自身的教育教学实践活动中生成的教育科研课题，做"实"容易，创"新"难。因为课题是源于教师自身的教育教学实践，对问题产生有着切实的感受，解决问题的愿望相对比较迫切，而且是源于自身的教育教学实践，便可结合实践经常性地尝试、探索，研究实践活动相对容易落实。比如，"借助动手操作优化小学数学运算法则教学的行动研究"的课题，教师在教学"运算内容"时便可以进行相应的实践尝试，探索有效的方法。因此，此类课题"做实"相对比较容易。

所谓"创'新'难"，一是因为源于教师的教育教学实践，有时候想跳出原有的思维颇具挑战性；二是从教育科研的创新性来看，这位教师意在改进教育教学实践所做的探索，对他而言是创新的，但对于其他教师来说，可能是缺乏新意的。

因此，从自身教育教学实践活动中生成微型课题时，须关注三方面的要求。

一是亮特色，即明确课题研究内容的特点，着眼于研究内容的创新。比如"创新幼儿园主题活动教学管理的实践与研究"，因为属于幼儿园常规管理层面的内容，研究设计时需要有对一般研究的突破，亮出自身研究的特色。该课题研究提出的管理创新点是这样的：对于活动方案设计的管理，从"关注文本材料"向"研讨方案设计"转变；对于活动实施过程的管理，从"规范教学行为"向"研究教学问题"转变；对于活动反思评价的管理，从"关注结果考评"向"重视过程分析"转变。这些内容的呈现，表明该课题

---

① 冯卫东.今天怎样做教科研：写给中小学教师[M].北京：教育科学出版社，2012：81.

研究者在对教学常规管理创新点的思考中，展现了自身研究的特色，即关于教学常规管理，在注重对教师个体行为指导、引领的同时，更关注教师团队的集体智慧和合作价值，关注教师个体的专业成长。

二是显个性，即体现自身的工作特色，突出自身的研究特点。一线教师所做的课题研究，其研究过程都体现了自身工作特色，但彰显个性的特点更多地体现在微观层面的选题中。因为研究点聚焦，不同教师体现各自教育教学智慧的可能性被放大，更易体现出教育教学的个性化方法。如一位语文教师在对课堂结尾的单调乏味这一问题思考分析后提出了"小学语文阅读教学课'结束语'设计与应用研究"的课题，便是体现了这位教师知性的个性特质。

三是蹭热点，即抓住教育教学改革的热点选择研究课题，以创新自身的教育教学实践活动。

# 问题4：如何从教育改革热点中选取合适的研究课题？

与社会发展一样，教育的发展同样充满许多不确定性，教育规律的发现是在不断探索、不断实践中完成的。因此，教育教学的改革尝试是推动教育发展必不可少的过程，结合教育教学改革热点选题也是最能体现教育科研的创新意义的。由此可知，教育教学改革热点是一线教师课题研究的重要来源。许多教育教学改革热点从理论探讨层面进入实践运用层面，其基本途径正是通过课题研究的方式来实现的。

比如，近年来教育界最大的热点——"核心素养"的理论研究与实践探索，始于2014年3月教育部发布的《关于全面深化课程改革落实立德树人根本任务的意见》，"明确提出了落实立德树人工程的十大关键领域。其中研究制订学生发展核心素养体系是首要环节，并提出把核心素养体系作为研究学业质量标准、修订课程方案和课程标准的依据，用于统领课程改革的相关环节"[①]。然后成立了由北京师范大学资深教授林崇德作为负责人、北京师范大学等多所高校近百名研究人员组成的联合课题组，历时三年，于2016年9月13日正式发布研究成果。自此，"核心素养"成为基层广大教育工作者教育教学实践活动的重要思考点、实践点，只不过要使由高校教授专家团队研究提炼的"核心素养"的理论成果落地，成为一线教师日常教育教学活动的重要指导与方法依据，尚需要一线教师做更多的实践研究。

与此相类似，还有关于"教育质量综合评价"的研究，由上海市率先进行教育质量综合评价改革试点，并于2012年年初发布"2011年度上海市

---

① 林崇德.21世纪学生发展核心素养研究[M].北京：北京师范大学出版社，2016：2.

中小学生学业质量绿色指标评价结果"[1]。教育部在上海市试点的基础上，于2013年6月发布《教育部关于推进中小学教育质量综合评价改革的意见》，提出："教育质量评价具有重要的导向作用，是教育综合改革的关键环节"，要求全国各省市全面贯彻《国家中长期教育改革和发展规划纲要（2010—2020年）》精神，改革教育质量评价过程。自此，各地纷纷借鉴上海评价改革的研究成果——"绿色指数"分析，探索研究适合本地实际的评价改革途径或方法。

对于一线教师来说，该如何从教育教学改革热点中选取合适的研究课题呢？直接探索、理念融入、技术应用等方式不失为好方法。

## 一、"直接探索"式

所谓"直接探索"式的选题，是指那些对将某个教育教学改革的热点内容直接引入日常教育教学中的课题选择的方式。教育教学中的热点，一般始于政策发布或理论研究。将理论研究成果落实于教育教学实践的起始阶段，一线教师的理解、认识尚处于模糊时期，这时候便需要更多的实践研究，逐步地加以认识与理解。因此，从教育教学热点中选题，"直接探索"是一种比较常用的方式。对实践者来说，这样的选题有一定的开创性，有的甚至是"零起点"。

比如，现阶段STEM或STEAM是相当火热的教育理念，它源于美国政府提出的教育倡议：鼓励孩子在科学、技术、工程和数学领域的发展和能力提高，培养孩子的综合素养，从而提升其全球竞争力。当将美国政府倡导的STEAM教育理念引入我们的教育教学实践时，显然有点开创的味道。由此而选取的研究课题，如"小学STEM（或STEAM）教育实践研究"，便是一种典型的直接探索式的选题。如果切入点再小一些，则会有"小学STEAM教育活动设计与实践研究"这样的选题。

同样在"拓展性课程"的实践研究上，一线教师的科研选题也基本采用

---

[1] 上海市教委.上海市发布学生学业质量"绿色指标检测"结果［J］.思想理论教育.2012（7下）：96.

"直接探索"式。2015年3月,浙江省教育厅颁布《关于深化义务教育课程改革的指导意见》,并在"完善课程结构"中指出,"义务教育课程分为基础性课程和拓展性课程。基础性课程指国家和地方课程标准规定的统一学习内容;拓展性课程指学校提供给学生自主选择的学习内容"。同时,要求"开齐开好基础性课程","积极探索拓展性课程的开发、实施、评价和共享机制"。自此,一线教师开展了关于"拓展性课程"的实践,从课程目标到课程内容,再到课程实施的方法路径,以及相应的评价机制等,都成为一线教师进行拓展性课程研究的选题方向。比如,可以选取如"小学拓展性课程的开发与实施研究"这样的课题,研究拓展性课程开发的一般路径与实施方法;也可选取如"小学语文诗词拓展类课程的开发与实施研究"这样的课题,聚焦学科拓展,丰富学生的知识背景,体验更加多样的学习方式。

## 二、"理念融入"式

所谓"理念融入",是指在教育教学实践中,能够将新的教育教学理念融入日常的教育教学工作,改进原有的教育教学方式,以能最大限度地实现顺应时代发展的教育教学改革目标。"理念融入"式选题的最大价值,在于对一线教师原有的教育教学行为与新理念、新思想间的矛盾冲突问题进行思辨,试图通过问题解决的方式,将新的教育教学理念落实到一线教育教学活动中,成为教育教学的重要组成部分。

比如,关于"核心素养"或者"学科核心素养"的探讨,理论层面已有初步架构,如今更重要的是通过一线教师的教育教学行动,将其落于实践中。于是,便有了这样的选题:"基于学科核心素养的历史与社会课堂教学改进行动研究"(浙江省教科规划课题,立项编号:2017SC104)[①]。初中历史与社会课堂教学实践本已有之,现在要思考的则是核心素养背景下的初中历史与社会课堂教学实践应该具有怎样的特征?怎样的"教"与"学"才是体现核心素养理念的?

---

① 本课题负责人为浙江省嘉兴市秀州中学分校王婷老师。

当然，这一课题是从历史与社会学科的整体教学着眼的，涉及内容会比较宽泛，属于中观层面的选题。我们还可从微观层面进行思考与选择，如"基于学生素养发展的历史与社会主观题命制与运用研究""体现核心素养的历史与社会课后作业设计与运用研究"，此类课题有着眼于习题命制的，也有关注课后作业设计的，研究范围显然更聚焦。事实上，有了核心素养的理念引领，就算是在课题名称中没有出现"核心素养"或"素养"等文字，在实际操作中，无论是关于哪些方面的，只要指向教育教学，其研究的价值视角都应该体现或有利于学生"素养"的发展，否则就失去了研究的价值。

## 三、"技术应用"式

"技术应用"式的选题，更多是指实际操作层面的引用与实践，一般指微观层面的比较具体的教育教学方式或策略。

比如，"微课"（也叫微视频）是一种很有效的聚焦某个知识点进行讲解、教学的技术载体，对于解决学科日常教学的重难点内容优势比较明显。其一出现，便颇受一线教师的喜欢。于是，就如何在学科教学中用好微课成为诸多一线教师做课题研究的选题，如"以难点解决为指向的小学数学'微课'制作与应用研究""基于'微课'的初中科学演示实验教学的策略研究""微课导学：小学高年级科学课堂转型实践研究"等，都是针对将"微课"技术直接应用到一线教学中的问题进行的实践研究。

类似的还有关于"评价改革"这一热点的实践研究。许多一线教师便是通过"技术应用"式方法，确立相应的研究课题的。如"基于'能力立意'的小学科学测评设计研究"，便可以借鉴PISA测试中的"识别科学议题""科学地解释现象""运用科学证据"[1]等能力维度，设计相应的能力测评题，而后进行监测，获取数据分析，引导日常科学教学的改进。

与基于自身教育教学实践活动的选题相比，从教育教学改革热点中选择设计的课题，"创'新'容易，做'实'难"。"创'新'容易"，主要是基于

---

[1] 陆璟.PISA测评的理论与实践［M］.上海：华东师范大学出版社，2013：23.

改革热点的选题，一般从源头上就是"新"的：新的内容、新的策略、新的方法等。因为什么都是"新"的，可借鉴的经验不足，有时甚至与教育教学实践活动尚有一定的距离，研究者难以入手。另外，因为是相对"新"的选题，如果教师只是停留于"为课题而做课题"的认识状态，这样的选题更容易脱离实际，最终使得所选课题难以落实，无法完成研究工作。这些都是基于教育教学改革热点的选题所需要避免的。

# 问题5：如何从经典理论的学习中生成可操作的研究课题？

实践表明，一线教师除了做好日常的教育教学工作之外，必要的教育教学理论学习也是需要的。特别是一些经典的教育教学理论，更需要教师经常温习，对其有深入的理解与把握，因此便有了专业的培训。为了让自己有更高层次的发展，有的教师甚至还在不断地进修中。一线教师对经典教育教学理论学习的过程，通常是生成教育科研课题的契机。

所谓理论，是指人们关于事物知识的理解和论述，由一些专家或先行者借助"概念"组织起来的信息体系，对事物发展规律的高度抽象或概括表达。教育教学理论便是由一些教育专家或先行者，在自身的实践探索或对教育教学规律的深度思考基础上的论述或表达，具有一定的抽象性和概括性。经典教育教学理论一般是教师用于解读教育教学现象、解决教育教学问题的重要依据。

比如著名的"最近发展区"理论，便是由心理学家维果茨基在其"文化—历史心理理论"研究基础上提出的。他认为，"儿童的心理发展存在两个水平：第一水平是'实际发展水平'，这是儿童在独立解决问题的过程中表现出来的心理发展水平；第二水平是'潜在发展水平'，这是儿童在别人（如教师）的帮助下或与同伴合作的情况下解决问题时所表现出来的心理发展水平。儿童的'实际发展水平'与'潜在发展水平'之间的区域被称为'最近发展区'"[①]。再如杜威的重要学习观——"做中学"理论、布鲁纳的"结构主义课程观"、班杜拉的观察学习等[②]，同样是这些教育先行者结合自身

---

① 张华.课程与教学论[M].上海：上海教育出版社，2000：474.
② 陈佑清.教学论新编[M].北京：人民教育出版社，2011：36-113.

的实践与研究提炼出来的关于学习方式与课程资源的理论。这些经典的教育教学理论，既是教师实践教育教学活动的依据，也是他们思考教育教学实践活动、分析教育教学实践行为、解决教育教学实际问题的重要源泉。那么，在教育教学实践中，教师该如何从经典理论的学习中生成教育科研课题呢？我们可以基于理论的来源，从两个层面进行思考。

## 一、基于本领域经典理论的学习，生成探索解决教育教学实践问题路径的研究课题

实践中，我们已经达成共识：一线教师一般不是教育教学理论的探索与创造者，而是教育教学理论的应用与实践者。经典教育教学理论的学习对一线教师教育教学实践活动的意义可以从两个层次来探讨：一是借助教育教学理论解释教育教学现象，提升专业认知水平；二是运用教育教学理论解决教育教学实际问题，提高教学专业能力。要实现这两个目标，教科研课题的研究不失为一种有效的方法。

比如，建构主义教学观的背景下，"学为中心"的课堂是现今教育教学实践研究的重要课题。基于此理论背景而产生的一系列新的教学模式，更是成为深化课程改革的重要实践与探索基础。我们可以选取如"支架式教学在初中英语阅读教学中的应用研究"这样的课题。在研究这个课题的过程中，"支架式教学"模式的"进入情境—搭建支架，引导探索—独立探索—协作学习—效果评价"[①]五个构成要素（也可称为环节），既可以成为教师解读原有初中英语阅读教学现状、分析过程中存在问题的依据，也可以作为重构初中英语阅读教学过程、创新课堂教学模式的有效依据。这样的课题选取过程，典型地体现了将经典教育教学理论引入教育教学活动的特点。

当然，在教育教学经典理论学习基础上的教科研选题，一般表现为两种情况：一是成熟理论的应用与改造研究；二是创新理论的尝试与探索研究。

---

① 张华.课程与教学论[M].上海：上海教育出版社，2000：475.

比如，上海市吴淞中学自2010年开始研究的"个性化教学：基于'道尔顿制'教育的再实验"，就是一个典型的成熟理论应用研究的例子。[①]"道尔顿制"是20世纪初美国进步教育运动的产物，由美国教育家帕克赫斯特女士于1920年创立。它是个别学习、能力学习、程式学习的雏形，对后来的个别学习、分组学习、无学年制学习、程式学习等教改流派的产生与发展产生了很大影响。吴淞中学的研究者从对"道尔顿制"的基本要素、基本原则、基本原理的解读入手，探索适合本校实际的"个性化学习"策略路径，取得了显著的研究成效。基于成熟理论的应用研究，会有更多的改造痕迹，以适应新时代的教育教学发展理念或特征。

再如，许多关于"学习"的经典理论都可以成为一线教师观察教育教学现象、设计教育教学活动、研究教育教学问题的依据或准则，只不过在时代的发展中，有些理论也在发展，内涵得以不断丰富。如法国著名生物学家、科学认识论研究专家安德烈·焦尔当的《学习的本质》一书中的许多观点或视角就可以成为一线教师解读教学活动、研究学生学习过程的重要课题，其中有："在学习中需要协调的因素众多，我们可以确定无疑地说，学习者是其自身教育真正的'创造者'。""学习就是改变自己的先有概念，更确切地说，就是从一个解释网络过渡到另一个更合理的解释网络，以处理既定的境脉。"[②]由此，我们可以提出这样的研究课题——"'创造者'视角下的数学学习活动设计与实践研究"。此选题的意义在于，突出学习者自身在学习中的"首要地位"，强调数学学习过程中学习者自身的作用。对于一线教师而言，基于此类思想或理论选取的研究课题，一般具有一定的前瞻性和创新性。

## 二、基于跨领域经典理论的学习，生成创新教育教学实践问题解决路径的研究课题

教育学是社会科学的重要组成部分，其与社会学中的许多领域有着很

---

[①] 张哲人.西方教改的本土实践："道尔顿制"在吴淞中学[J].上海教育科研，2015（1）：84-87.
[②] [法]安德烈·焦尔当.学习的本质[M].杭零，译.上海：华东师范大学出版社，2015：59-60.

强的关联性。因此，许多社会学分支领域的理论对教育教学同样有着影响和推动作用。在教育科研发展进程中，有专家或教师已经将视线拓宽到社会学的其他领域，试图通过跨领域寻找解决教育教学问题的新方法，打开另一扇窗。

一段时间，许多学校在教育教学管理中开展的"精细化管理"实践探索，其实是源于企业的管理。"'现代学校管理'就等于'教育管理'加'企业管理'，应用企业战略管理思想，制订学校发展规划；应用企业全面质量管理思想，树立教育服务理念；应用CI设计理论，进行学校形象设计；应用ISO 9000标准，编制学校质量管理体系；应用企业文化思想，探讨学校文化建设，等等。"[1]据此，翔宇教育集团提出"引进企业管理文化实施学校精致管理的实践研究"[2]这样一个课题，试图向企业学习。

再如，我们曾在学校教研组建设中提出"品牌教研组建设研究"课题，同样是借鉴企业或产品"品牌"的含义，借助"品牌"的"内隐要素（即个性、气质、氛围等）和外显要素（即文字、标记、符号等识别要素）"[3]，打造教研组的特色，推进学校教研组团队的整体发展。

还有一位幼儿园的业务园长，在读到英国心理学家爱德华·德·博诺写的《六顶思考帽》这一专著时，觉得这种时常用于企业员工培训的方式，很适用于学校教师研讨教育教学问题，便将其引入校本培训，提出"六顶反思帽法在幼儿园听评课活动中的应用研究"[4]这一课题，后被立项为浙江省教科规划研究课题（课题编号：2014SC178）。

如今，因教育更加重视学生的素养发展，注重在教育教学活动中突出学生学习的自主性，因此许多突出自然学习的跨领域学科的经典理论也被一线教育管理者、教师引入教育教学活动，做教育教学实践研究，如"研究生物与其环境之间相关"的生态学、"研究事物间所具有的全息关系的特性和规律"的全息论，等等。

---

[1] 冯卫东.今天怎样做教科研：写给中小学教师[M].北京：教育科学出版社，2012：131.

[2] 同上.

[3] 费岭峰.关于构建教研组品牌的思考[J].学校品牌管理，2008（11）：8-9.

[4] 本课题负责人为浙江省嘉兴市宏兴幼儿园副园长张京南老师。

从跨领域经典理论学习中选取课题，并不是一件简单的事情。实践中，需要把握两个要点：第一，理解相关理论的本质内涵，唯有对相关理论内涵有充分的理解，才有可能恰当应用其解决相应的教育教学问题；第二，以恰当地运用，以解决教育教学问题或改进教育教学路径为目的，这也是一线教师做教育科学研究的根本遵循。

## 问题6：如何在他人经验的启发下寻求适宜的研究课题？

一线教师需要对教育教学经典理论进行学习，在理解与应用中生成有针对性的教育科学研究课题。但与同伴交流或从书刊中学习他人经验的机会更多，也更利于触发其实践尝试的冲动。因此，教育教学实践中，在同伴或他人经验的启发下获取研究课题也是一线教师选题的重要途径。

一般来说，一线教师感知他人经验的途径有两条：一是在与同一区域内同伴教师的交流中对优秀经验的直接感知与获得；二是通过阅读书刊（现在还包括网络自媒体）学习到区域外教师的优秀经验。实践中，一线教师在他人经验的启发下，可以通过引入、联想、延展与改造四种方式选取教育科研课题。以下就这四种方式结合实例作具体阐述。

### 一、直接引入

这是一种直接应用他人经验的方式，目的在于对成功经验的直接借鉴与应用。虽然从教育科研的本质意义来看，此种方式缺少创新性，但一线教师做教育科研的重点不在于创新，而在于解决实际问题。如果将他人的成功经验引入自身的教育教学实践，能够比较好地解决问题，那么这种选题方式同样是有价值的。

事实上，教师面对的学生群体存在着一定的差异，将他人的成功经验引用、借鉴过来，时常会产生新的问题，需要教师作出分析，找出原因，然后加以调整，这就表明了再研究的必要性。同时，引用他人成功的经验，结合自身的实践进行再研究，还起到对同伴经验验证的意义，可以检验优秀经验是否具有一定的可推广性。从这些角度来分析，直接将他人的成功经验转化成自身研究的课题，同样具有价值。

比如颇具影响的"杜郎口"教学改革，在实践中形成的诸如"三三六"自主学习模式、"预习+展示+反馈"等许多经验为全国各地的学校管理者或教师所效仿，特别是引导学生预学的工具——"导学稿"，更是在许多初中学校出现，为许多一线教师所借鉴、采用。有教师则直接选取以某学科的"'导学稿'的设计与使用的行动研究"为题做课题研究。此行动研究相较于直接拿来使用的行为，更能体现出成功的教育教学经验在移植、嫁接的过程中科学运用的思想，更具有推广价值。

基于他人成功经验的直接引入式选题，虽会在主题上缺少教育科研的独创性特质，但这种方式有利于一线教师科学审慎地应用他人成功的经验，在经验移植的过程中找到适宜本地、本区域教育教学特点的实施路径、方法，从而切实解决当时、当地教育教学中的实践问题，在实践层面具有创新的意义、创造的价值。

## 二、联想迁移

联想迁移是一种从某种方法在某个学科中的应用出发思考可否在另一学科中应用的过程。这是一线教师在教育科研选题时比较常用的方法之一，阅读书刊文章时也较容易发生。

比如在阅读2018年第10期的《小学数学教师》杂志时，当读到岳增成、刘轩如两位老师的《发生教学法视角下"分数初步认识"教学探索》一文，在为两位老师以"发生教学法"设计"分数的初步认识"一课中体现出来的理性思辨与精彩实践赞叹时，我们是否有这样的思考：是不是所有的数学概念教学都适合运用"发生教学法"，引导学生学习呢？于是，便可将"发生教学法"的实践进行迁移，提出如"发生教学法视角下的小学数学概念教学探索研究"这样的课题。

再如，翻阅2018年第17期《人民教育》时，我们是否为吴本文、安宁两位老师的《混合式学习推进"整本书阅读与研讨"》一文所吸引呢？作者在谈到"整本书阅读"时，提出借助"混合式学习"解决"学生自主阅读与教师指导""阅读内容广泛与教师涉猎范围相对狭窄"的双重矛盾。当在为两位教师的文章说理透彻、路径可行所叹服时，我们是否可以思考"混合式学习"作为一种学习方式，还可以在哪些学习活动中适用？是否可以作迁移式研究呢？比如提出"基于混合式学习的小学科学课外实验活动设计实践研究"这样的课题，将"混合式学习"迁移到小学科学课外实验活动中来，以丰富小学课外实验活动的价值内涵，发展学生的综合学习素养。

从以上两个例子可以看到，联想迁移式选题一般出现在学科之间的借鉴或相近内容之间的唤醒。

### 三、延展深入

延展深入式的选题，一般发生在同一学科或同一主题的教育教学活动中，即在感知他人经验的基础上，以他人经验为起点，进行深入思考之后，选取研究点进行研究的方式。

比如关于"导学稿"的研究课题，许多一线教师在"杜郎口教改"中对课前"导学稿"设计与使用的基础上，提出"课内'导学单'设计与应用研究""单元'复习卡'设计与应用研究"等，将给学生助学的工具从课前引入课内，由新知学习拓展到知识的复习整理，以更加细化、聚焦的方式进行深入思考与实践探索，从而形成适宜不同学习内容的"助学工具"。

延展深入式的选题，还适用于他人成功经验（包括课题成果）的推广过程中。如温州市教育局出版过一套"温州市优秀教科研成果推广与应用项目丛书"，其中林乐珍老师主编的《基于"助学稿"的小学语文"学习设计"》一书，便呈现在成果推广过程中。多所学校基于林老师的主课题，选取子课题进行深入研究：有学校选取了"关注目标层级聚集的'助学稿'设计的深化研究"，有学校选取了"基于学生阅读期待分析的'助学稿'设计的深化研究"，还有学校选取了"立足文体视野的'助学稿'设计的深入研究"……①以更加深入探索"助学稿"在小学语文教学中的应用,提升课题成果的应用价值。

同样,延展深入式的选题方式需要一线教师对他人经验有较为深刻的理解,如此才能从已有经验中获取有价值的深入研究点,确立相应的深入研究课题。

## 四、深度改造

深度改造式选题,是在他人经验启发下选取教科研课题中最能体现创新意味与创造价值的选题方式。所谓深度改造,即不是简单地引用,而是在对他人成功经验或有效方法深入分析基础上的创造性引用,有时表现为理念的承继、方法的拓展与创新。

一位教师立项了一个题为"初中历史与社会错题辐射复习法的研究"的省级课题(2014年浙江省教研课题,立项课题编号:04-3-48)②。此课题来自与该教师的对话。一次下校课题指导中,这位老师谈起想申报一个研究课题。她说起在区里某次活动中看到有老师用"思维导图"引导学生复习整理知识的教学经验介绍,很想在复习课中进行实践研究。于是,我请她介绍一下那个时间段她的课堂教学实践状况,她告诉我:因为是在总复习阶段,所以经常会以学生的错题为突破点引导学生回顾知识,巩固认知。

听了这位老师的介绍,我觉得她想研究的聚焦点有两个:一是错题的利用,二是"思维导图"的形式。于是,建议她以"错例"探讨为起点,引导学生梳理知识线、知识链、知识网,从而完成知识的整理与复习,最终提出"错题辐射复习法的实践研究"这样一个课题。过程中,借鉴"思维导图"进行形式思考,并以知识结构特征分析为基础,突破"思维导图"的定式,创造性地提出"辐射复习法"的概念,使研究课题具有一定的研究深度与价值。事实上,该课题的研究成果也在市级教育科研优秀成果评比中获得二等

---

① 林乐珍.基于"助学稿"的小学语文"学习设计"[M].上海:华东师范大学出版社,2016:14-15.

② 本课题负责人为浙江省嘉兴市南湖区大桥镇中学鲍海花老师。

奖，填补了该农村初中在市级教育科研成果评审中的空白。

最后要强调的是，在他人经验启发下选取教科研课题同样需要注意两点：一是适宜自身的教育教学状况，即与自身的教育教学实践活动紧密结合，是自身的研究能力可以落实的；二是着眼于教育教学问题的解决，即不能为课题做课题，而是需要挖掘他人经验中解决教育教学问题的策略方法，借以解决自身教育教学问题。这也是借鉴他人经验、选取教科研课题的基本要求。

# 问题7：如何在已有研究成果基础上确立深入研究的课题？

如果说前面四种选取教科研课题的方式更多的是针对"零起点"的一线教师，那么此问题的解答则更多的是针对有一定课题研究经验（至少是承担过一个课题研究工作）的教师的。

课题研究不是一项孤立的工作，而是一个系统工程，它与研究切入点的大小无关，更多地取决于研究者是不是想深入扎实作研究的态度。同时，课题研究还是一项没有终点的工作，如果你想开展研究，总会找得到新的研究生长点。

当然，对于一线教师而言，在明确课题研究着眼于教育教学实践问题解决的基础上，能够就研究的课题，在完成一个阶段的研究工作，总结了一定的研究成果之后，再确立一些深入研究的课题，更能体现教育科研提升教师专业思考力、研究力的实践意义。实践中，我们可以通过"形而上的思辨"与"形而下的实践"来确立深入研究的课题。现结合我主持、研究了近十年的课题"小学数学活动教学研究"为例，作一定的分析。

"小学数学活动教学研究"这一课题，于2002年9月被嘉兴市教育科研规划办公室立项为市级规划课题，同年申报2003年浙江省教科研规划一般课题，于2003年立项（立项编号：2003-393），研究了近两年后，继续申报浙江省教科研规划重点研究课题，于2005年1月被浙江省教科规划办公室立项。研究过程中，及时总结阶段成果，获得浙江省教育厅组织的基础教育科研优秀成果（论文类）二等奖。其间，申报了华东师范大学远程教育研究中心课题，被立项，得到华东师范大学教授的专业指导。同时，也是浙江省"中小学名师名校长计划"教育教学课题，2007年鉴定结果为"优秀"。作为2005

年度的浙江省教科规划重点研究课题，经过四年多的实践研究工作，于2009年3月通过浙江省教科规划领导小组办公室的结题鉴定，准予结题，成果参加浙江省优秀教育科研成果评比获得二等奖。

从课题研究的过程来看，这一课题在研究时间上，由市级立项开始，经过了近十年的实践探索，有了充分保障。同时，在研究内容的思考上，围绕课堂教学实践几乎每年都有四五次的探讨，有着相当扎实的实践基础。最为可贵的是，围绕本课题研究所撰写的教育教学论文、案例在省级及以上的专业刊物上发表，其中不乏在全国颇有影响力的小学数学专业刊物，如《"圆柱的认识"教学实践与反思》《新课程下一节"应用题"课的教学与思考》《回归本源，为学生的数学理解找到支点》等十多篇文章发表于《小学数学教师》杂志，《以活动促进学生的思维发展》发表于《小学青年教师》（现已更名为《小学教学》），《"小棒操作"为哪般》《把思维的空间留给学生》《"商的近似值"教学谈》等五篇文章发表于《中小学数学》杂志。

应该说，经过近十年的研究，"小学数学活动教学研究"这一课题的研究成果还是颇为丰硕的，也在省内外产生了一定的影响。那么，如何在此基础上作进一步深入的研究与探索呢？我在2013年和2015年又再次围绕"数学活动教学"分别申报了两项课题：一项是题为"小学数学活动特质及其教学研究"的嘉兴市名师培养工程专项研究课题，另一项是题为"基于'过程目标'的小学数学活动设计及教学研究"嘉兴市教研员专项研究课题。这两项课题正好体现了深入研究课题在选题上的两种不同的思考角度。

## 一、"形而上"的深度思辨，以理论建构为着力点

名师工程专项课题"小学数学活动特质及其教学研究"的选题视角着重在"数学活动特质"上，相对于教学方法策略研究，更具有理论思辨性。它需要从"活动"的定义与特征出发，思考数学活动的本质内涵，然后在此基础上对数学活动的价值、意义与特定内涵作深入的思考与研究，充分体现"形而上"研究课题的选题特色。

这样的研究课题，有时候不需要回到实践中去，更多的是需要分析、归

纳、类比、概括等相关思考方式的介入，作理性的提炼；在研究材料的获取上，除了有相关的数学活动实践案例作基础之外，还需要阅读相当数量的文献，从理论上认识数学活动的本质特征，从而为应用数学活动进行有效的数学活动教学提供帮助。

从研究结果来看，通过这一课题的研究，对数学活动的基本特征，在原来"强调的是围绕数学学习展开，有利于学生'主动的、有思维积极参与的、能满足学生自身多方面发展需要'，且目标清晰明确，并具有适度的调整空间，必须有利于发展和完善学生的学习个性"①这样一种不够结构化且缺少数学学科特点的表达上，作了更为简洁、准确并能体现学科特点的提炼，即"缘于数学、思维发生、经验形成、数学建构"②。同样，在数学活动的设计要点和教学关键点上，也有了更为清晰与简洁的提炼，形成数学活动教学的四部曲，即"把握活动目标—给足探索时空—充分交流成果—适时组织引导"。

从上可知，"形而上"的深度思辨，事实上是对研究课题中核心概念或关键策略的深度思考，是进一步厘清所研究课题的核心内容，为"形而下"的实践路径研究找到更为精准的理论解释，在提升一线教师的理论研究水平中起着重要的作用。这样的课题选题方式，很适合于教学名师。

## 二、"形而下"的深入探索，以实践路径为生长点

嘉兴市教研员专项课题"基于'过程目标'的小学数学活动设计及教学研究"，则是着眼于小学数学活动的设计与教学，突出数学活动在日常教学过程中的应用，强调实践操作，关注"数学活动"的落地问题，充分体现了"形而下"课题研究的选题思路。

这样的研究课题，有时更需要一线教师深入课堂教学，尝试通过不同的数学活动教学，提炼出活动设计与教学的一般策略。其实，这是一个"思考—实践—再思考—再实践—提炼"多重往复的课题研究过程。因此，在研

---

① 费岭峰.小学数学课堂教学中的有效活动探析[J].浙江教育科学，2007（1）：48-49.
② 费岭峰.数学活动：承载儿童数学学习的重要过程[J].中小学教师培训，2017（1）：48-51.

究素材的获取上,更多的是源于实践的第一手资料。

同样,从研究结果来看,通过"基于'过程目标'的小学数学活动设计及教学研究"这一课题的研究,对数学活动的分类与实施取得了突破性的进展。从原有成果中"基于数学知识类型的多样和数学学习目标的多元等因素分析基础上的活动类型"研究,提出"经历型""体验型""探究型""创生型"四种数学活动,找到四种类型活动的具体表征,对数学活动"形态"作了更加深入的分类研究,以更为准确地体现数学知识内容的关联性与区别点。比如,将"经历型"数学活动分为"概念理解的'经历型'活动""法则建构的'经历型'活动"和"问题解决的'经历型'活动"三类,将"体验型"数学活动分为"积累直接经验的'体验型'活动"和"形成思考经验的'体验型'活动"两类,将"探究型"数学活动分为"'引导—发现'探究型活动"和"'猜想—验证'探究型活动",最后将"创生型"数学活动分为"新知学习建构'创生型'活动"和"知识复习整理'创生型'活动"。①

"形而下"的深入探索,有利于将研究活动具体化,突出课题研究过程落实到具体的教育教学实践活动中去,在此基础上发现实践活动中的差异性与联系点,利于研究者提炼操作策略与方法,为研究成果的后续推广提供实践支持。因此,这样的课题研究的选题方式,有利于贴近教育教学实践,解决教育教学实践问题。

因为有了以上两项深入研究的课题作支撑,至2016年七八月间,"小学数学活动教学研究"的成果提炼更进一步,我撰写的成果专著《课堂的魅力——小学数学活动设计与教学》既有一定的理论高度,又有切实的实践案例作支撑,最终由华东师范大学出版社出版,研究经验得以在全国范围内推广。

---

① 费岭峰.课堂的魅力——小学数学活动设计与教学[M].上海:华东师范大学出版社,2017:52.

## 问题8：怎样表述研究课题的名称？

课题选题确定之后，接下来便是确定研究课题的名称。一个好的课题名称，会让人一下子就能抓住研究课题的核心内容与特色亮点。但是对于一线教师来说，确定一个研究课题的名称并非易事，表述时会出现一些典型问题。

一是课题名称中关键词太多。如"基于多元认知需求理论利用数学课堂反馈提升班级整体学习力的实践与研究"这一课题，题目中涉及的关键词有"多元认知""需求理论""课堂反馈""班级整体"及"学习力"等。这会造成研究内容不明确，研究实践难以聚焦。

二是课题研究对象不清晰。如一位幼儿园教师提出的课题"'家园联盟式'环保意识培养的策略研究"，就属于研究对象不清楚的类型。课题是想建构"'家园联盟式'的环保意识培养路径"，还是通过"建构'家园联盟式'的环保意识培养路径"来提升幼儿的环保意识呢？不是很清楚。

三是研究内容间的逻辑关系不清。如"课前预设与课堂调控对小学生数学学习动力培养的研究"这一课题，研究者试图研究"课前预设"和"课堂调控"与小学生数学习动力之间的关系。深入思考发现，两者与学习动力间的逻辑关系均不太清楚。这样的课题可行性设计要求颇高，研究难度不小。

对于一线教师来说，课题名称的表述，一是需要准确使用概念，二是需要明晰变量（自变量和因变量）之间的逻辑关系，三是体现自身研究的特色（或创新点）。以下结合浙江省教育科学规划办公室2018年度规划课题立项名单，从常规模式和创新模式出发，谈谈课题名称表述的一些基本结构。

## 一、常规模式

常规模式，即平时经常用到的课题名称表述形式，主要有三种。

### （一）三要素基本结构

一般情况下，课题名称需要说清楚研究对象、内容和方法，即以"研究对象+研究内容+研究方法"三要素基本结构来表述课题名称。

如平湖市教师进修学校教师李强主持的课题"初中生自主学习品质及其影响机制的实证研究"，研究对象是初中生，研究内容是初中生自主学习品质及其影响机制，研究方法是实证研究（调查、实验等）。

实践中，由于课题名称表述的三要素基本结构不太容易呈现课题研究内容的特色，所以一般在研究方法上体现出专业性，如"实验研究""调查研究""文献研究"等，以体现教育科学研究的专业性。

### （二）"理论依据（或背景）+"结构

与三要素基本结构相比，"理论依据（或背景）+"结构表述更多地是在理论学习或热点引入基础上的研究课题中应用，一般需要表明该课题使用的理论或研究的背景。

如桐乡市茅盾实验小学教师吕慧樱主持的"'具身认知'理念下小学生项目化学习设计与实施研究"，课题名称属于典型的"理论依据+研究对象+研究内容"的表述结构。课题名称中的理论依据是"具身认知"理论（或方法），研究对象是"小学生"，研究内容则是"项目化学习的设计与实施"。研究过程中，无论是项目化学习的设计还是实施，均须以"具身认知"理论为观照，展开实践与思考。类似的课题还有嘉兴市南溪中学教师陆军主持的"基于焦点解决为导向的初中生发展规划与落实的实践研究"，其理论依据是"焦点解决"理论，研究对象是"初中生"，研究内容是"学生发展规划与落实"。

"背景+"结构也是如此。如浙江省天台中学教师郑志湖主持的"新高考背景下普通高中教学管理变革的研究与实践"即为这种的结构表述，其研究背景是"新高考"改革，研究对象是"普通高中"，研究内容是"普通高中教学管理变革"。当然，此结构中关于"背景"用词也是多样的，有的直接表述为"××背景下"，有的则表述为"××理念下""××视野下""基于×××"等。如嘉兴市第一幼儿园教师陈琼主持的"STEAM教育视野下幼儿'乐构'创玩工坊之开发路径研究"、桐乡市茅盾中学教师赵平主持的"移动学习环境下高中生地理实践力培育路径设计与实施研究"、湖州市湖师附小教育集团范新林主持的"基于核心素养的小学数学'本真课堂'的探索"等。此类课题研究，关于"研究背景"的分析深度与特质把握，是其课题深入研究的重要基础。

### （三）"自变量+因变量"结构

在科学研究中，自变量是指研究者掌握并主动操纵而引起研究对象变化的因素或条件，教育科研过程中具体表现为研究者采用的改革措施。因变量是指在研究过程中由自变量引起的研究对象在行为或有关因素特征上作出相应的变化。有些课题名称，时常以"自变量+因变量"的结构来表述，比较好地体现了两者间的逻辑关系。

如浙江省湖州中学教师周国平主持的"利用移动学习终端促进高中生学习力提升的实践研究"，题中自变量是"移动学习终端"，因变量是"高中生学习力"。基于两者间存在的"通过有效利用移动学习终端可以促进高中生学习力的提升"的假设进行实践研究，探索两者间的相关性。类似这样的课题还有嘉兴市秀洲区教育文化体育局张爱林主持的"区域'融合式'教研提升教师专业发展的策略研究"、温州经济技术开发区文教体工作局（教师发展中心）陈洁主持的"运用'AMC科学模式'促区域幼儿教师专业发展研究"等。

## 二、创新模式

创新模式是一线教师经过一定时期的研究实践后探索形成的表述课题名

称的新形式。这样的模式，比较容易呈现研究课题的创新之处和研究亮点。

（一）关键词前提结构

所谓关键词，是指研究课题的关键特质或核心概念，也是该课题的核心研究内容。此类课题名称，比较容易体现课题研究的创新点和关键要素。

如杭州师范大学附属嘉兴经开实验小学教师朱术磊主持的课题"成长驿站：班主任发展三进阶的架构与实施研究"，课题名称是典型的关键词前提结构，即"关键词：研究对象+研究内容"。从该课题的名称来看，"成长驿站"既是研究目的，也是促进班主任发展的途径。这样的课题还有嘉兴南湖国际实验学校教师王建良的"分项学业评价：促进学生学科核心能力发展的行动研究"、杭州市上城区教育局王莺主持的"行走德育：区域推进德育方式转型的机制研究"等。

关键词前提结构有时还可以将几个词组成有结构的词组或词序。如建德市明镜小学教师谢林海主持的"主题·序列·实践：'512课程'的构建与实施研究"、浙江省温州市瑞安市莘塍实验小学教师董良忠主持的"多元·具象·互融：'每日八事'德育课程的实施路径研究"等。这样的课题名称，更能体现课题研究的关键内容。

关键词前提结构能够有效呈现研究核心内容与特色亮点，已为越来越多的一线教师所运用。从2018年度浙江省"地市规划课题"的名称来看，关键词前提模式的名称约占20%，比例已经相当高。这说明，以关键词前提结构来表述课题名称的方式比较受一线教师喜欢。

（二）自创"数概括"结构

所谓"数概括"结构，即是以"一体两翼""三探三访"等结构的词语表述课题研究核心内容的名称表述方式。在2018年度浙江省"地市规划课题"的名单中，接近15%的课题名称是以自创的"数概括"结构来表述的。这样的表述，从严格意义上来说，名称不太规范，但因其相对简洁、有个性，同样为一线教师所喜欢。

如乐清市教育科学研究所教师李乐安主持的"职高旅游现代学徒制'三

化两制'实施研究"中的"三化两制"是研究的核心内容。也有一线教师将这种结构与关键词前提结构结合起来使用，如温州市第十六幼儿园教师金全主持的"三生五场：幼儿自然生态乐园开发与实践的深化研究"。显然，这种表述结构更加明显地呈现出其所研究课题的特色与创新之处。

当然，在自创"数概括"结构的表述中，有些名称因内容不明确、表意不清楚，需要从研究方案中细读才能确定。如东阳市吴宁第一小学教师王宇燕主持的"小学语文三味阅读教学的实践研究"中的"三味"、台州市路桥中等职业技术学校教师牟正道主持的"中职数学课堂教学的'四多'策略研究"中的"四多"，仅从题目来看，很难知道其研究对象。因此，对于一线教师来说，此结构表述方式还是慎用为好。

（三）特色亮点明示结构

从一线教师课题名称的表述来看，特色亮点明示是一种大趋势。这是教育科研要求创新这一本身特质的需要，也是一线教师教育科研个性化展现的需要，是其研究力在名称表述中的体现。上文谈到的"关键词前提""自创'数概括'"等显然已经属于特色亮点明示的结构，这里再讲几种其他的表述形式。

如刘佳老师主持的"聚焦思维过程的小学数学口试题命制与运用研究"这一课题，如果从"小学数学口试题命制与运用"来说，已经属于不太有新意的研究课题。但由于在前面加了特定的"聚焦思维过程"，使得该课题的研究内容有了聚焦，研究"特色与亮点"有了定位，因此也有了研究的新意和必要性。

再如平湖当湖高级中学教师金文展主持的"发展高阶思维的高中物理'境·模·律'教学法实践研究"这一课题，"'境·模·律'教学法"是其特色亮点，也是该课题得以深入研究的抓手。

当然，课题名称表述创新模式需要避免为创新而创新的现象，生造词的使用还须谨慎。事实上，教育科研课题名称的表述，最基本的要求是把"研究什么"和"怎样研究"通过题目第一时间讲清楚，在此基础上再进行适度的创新。这也是研究课题题目表述的基本原则。

# 附：2018年浙江省教研系统"选题指南"

## 学段一：学前教育和特殊教育
1. 适合实际的浙江普特融合教育
2. 幼儿园游戏课程资源的建设及使用
3. 落实《3-6岁儿童学习与发展指南》研究
4. 核心经验视角下的领域学习指导
5. 培智学校生活化主题整合教学

## 学段二：义务教育
6. 基础性课程的校本化实施
7. 拓展性课程的开发与建设
8. "以校为本"的小学生评价体系
9. "学为中心"课堂教学改革
10. 应用现代教育技术转变学生学习方式
11. 学科质量评价的命题技术与结果应用
12. 小班化教育的文化建设
13. 基于小班的学科教学特色
14. 初中基础性课程分层走班教学实践
15. 中小学教育质量综合评价指标体系
16. 区域教育质量监测和管理机制
17. 学科教学实践性评价

## 学段三：普通高中
18. 以核心素养为本的"课程—教学—评价"整体性研究
19. 普通高中学科课程建设
20. 普通高中新课程标准与教学改革
21. 普通高中选修课程群建设
22. 高中学生生涯规划教育
23. 普通高中行政班与教学班并行的教育教学管理探索

24. 普通高中学生综合素质评价

25. 学科教研组和教师团队建设

26. 与高考招生政策相适应的学校教学管理与对策

27. 指向学科核心素养的课堂教学案例研究

**学段四：综合研究**

28. 中小学德育课程的有效实施

29. 中小学学校课程规划和建设

30. 大数据背景下的精准教学

31. STEAM教育及学校实践

32. 校本化教学质量管理机制

33. 中小学实施法治教育的途径和成效

34. 综合实践和技术类课程的整合实施

35. 多学科提升中小学生阅读素养

36. 课程整合视野下的教师培养

37. 改进学校教学管理和教师考核办法

38. 以校为本的教师发展性评价

39. 各学科作业与命题改进研究

40. 利用综合评价数据改进教学和管理

# 第二章
# 研究思路设计

研究是需要设计的。
"想好了做研究"是一种科研素养,也是一线教师做课题研究的基本特点。

——"我的研究感悟"

# 问题9：课题研究方案包括哪些基本内容？

一线教师的教育科研与专业人员的研究是不同的。前者的研究更多属于行动研究的范畴。"教师的研究应有自己独立的品质，它并不是为了检验或验证某一个真理，而是寻求一种解决实际问题的方法，是一种主要以实践问题为取向的研究，是一种主要以实践改进为目的的研究，他所采用的研究方法主要是行动研究。"①

所谓行动研究，是指有计划、有步骤地对教育教学实践中产生的问题，由教师或研究人员共同合作边研究边行动，以解决教育教学实际问题为目的的一种科学研究方法。显然，行动研究不等于无准备的研究，它同样需要想清楚研究过程，是以"想好了作研究"的理念实施的研究行为。要对研究内容、研究过程制订计划，对研究结果作出假设与判断，这些要素应该在课题研究的方案中得到体现。

方案是指进行工作的具体计划或针对某一问题的解决制订的规划。课题研究方案就是实施课题研究工作的规划。从区级（甚至校级）到市级，再到省级、国家级课题的申报，都需要提交课题研究方案。方案是呈现研究内容、研究过程及预期研究结果的重要载体。那么，撰写课题研究方案时一般需要写清楚哪些内容呢？我们先来看看各级各类课题申报方案（或申报书）的内容要求。

全国教育科学规划课题的"论证活页"内容包括七个方面：

1.选题依据：国内外相关研究的学术史梳理及研究动态；本课题相对于已有研究的独到学术价值和应用价值等。

2.研究内容：本课题的研究对象、总体框架、重点难点、主要目标等。

---

① 张肇丰，李丽桦.课堂改进的30个行动［M］.上海：华东师范大学出版社，2011（12）：6.

3.思路方法：本课题研究的基本思路、具体研究方法、研究计划及其可行性等。

4.创新之处：在学术思想、学术观点、研究方法等方面的特色和创新。

5.预期成果：成果形式、使用去向及预期社会效益等。

6.研究基础：课题负责人前期相关研究成果、核心观点等。

7.参考文献：开展本课题研究的主要中外参考文献。

浙江省教育科学规划研究课题的方案内容包括四个板块：

1.选题：选题的意义和价值，本课题国内外研究现状述评。

2.内容：本课题研究的基本思路、主要内容、研究方法和重点难点分析。

3.预期价值：本课题理论创新程度或实际价值、成果可能去向。

4.前期准备：为本课题研究已作的前期准备工作（已收集的数据、进行的调查研究、完成的部分初稿等）、课题负责人已有与本课题相关的研究成果和参考文献（各限填10项）。

浙江省教研课题申报方案的内容包括四个板块：研究方案须阐明研究指向的问题、研究的切入点与主要研究内容、研究目标与预期成果、研究工作的时间规划。

嘉兴市教育科学规划课题研究方案的内容包括七个部分：一般包括选题缘由、相关研究综述、课题界定、研究内容与操作、研究方法与步骤、成果形式及课题组成员分工等。

嘉兴市教育科学规划课题研究方案（微型课题）的内容包括六个部分：（1）我的教学（教育）问题或困惑；（2）对问题产生的原因分析；（3）本问题研究综述；（4）课题研究界定；（5）拟采取解决问题的措施与方法；（6）问题解决的预期效果。

从以上各级各类课题申报方案（或申报书）的内容要求来看，无论是国家级课题"论证活页"的七个方面，还是省级课题的四个板块，还有市级规划课题和微型课题的研究方案内容，虽然略有不同，但其核心则是要讲清楚研究什么、怎样研究和预期的效果。

研究什么是对课题研究内容的思辨，体现在研究方案里，主要在选题的意义、价值及研究的主要内容说明中；体现在国家级课题的"论证活页"中，包括研究对象、总体框架、重点难点、主要目标等；反映在省教研课题的方案里，包括研究指向的问题、研究的切入点与研究内容中的一部分；在市级微型课题（有些地区称为"小课题"或"个人课题"）的研究方案中，主要体现在前四个板块里。事实上，阐明研究内容是一个课题得以实施研究的基础，是起点。

怎样研究是对课题研究策略、路径的思考，在国家级课题的"论证活页"中包括课题研究的基本思路、具体的研究方法、研究计划及其可行性等；反映在省规划课题的方案中，分为基本思路和研究方法；在市级微型课题的申报方案里，主要指的是"拟采取解决问题的措施与方法"。怎样研究是一个课题得以深入并实现的关键。唯有想清楚研究策略与路径，才能让后续研究有真正落实的可能。实践中，许多课题正因为没有将"怎样研究"想清楚，才造成"研究课题的意义与价值颇大，却没有被立项"的结果。

预期的效果其实是对研究结果的预想与假设，蕴含了课题研究的目标。从课题研究的科学维度来思考，其实质是一个"基于假设的验证过程"。研究方案"申报书"对"预期效果"作出要求，其意义更多在于迫使课题研究者明确课题研究的方向，切实把握课题研究的聚焦点，从而使课题研究活动与日常的教育教学工作有所区别，最终能够体现教育科学研究的科学性特质。

以上分析的是各级各类课题"研究方案"的共同之处。从以上方案内容的比较分析还可以看出，"全国教育科学规划课题"和省级"教育科学规划研究课题"的理论创新要求相对比较高。国家级课题的"论证活页"中特别强调："在学术思想、学术观点、研究方法等方面的特色和创新"需要作出阐述；省"教育科学规划研究课题"的方案中也通过"预期价值"要求阐述"本课题理论创新程度或实际价值"。这与教科规划条线的课题研究更加注重教育教学理论的思辨与重构有关。相对而言，省教研课题的研究更加注重实践性，淡化理论提炼与创新分析，这与教研课题更贴近一线教师的教学实践、着眼于教育教学实践问题的解决有关。

在市级层面，除了一般的教育科学规划研究课题之外，浙江省嘉兴市教育科学研究规划办公室自2007年起倡导一线教师做基于自身教育教学实践问题解决的"微型课题"研究，并在市级规划课题申报时专门开设"微型课题"（原称作个人教学问题）的申报，教师可以个人名义申报此类课题（以往一般规划课题需要组成课题研究团队申报）。此类课题的提出，旨在"引导教师聚焦学科教学问题与困惑，并在反思、解释、实践中寻找共性"，研究过程也突出"从'问题呈现'到'成效验证'，经历发现问题、寻求解决问题方法、成效验证、问题解决这一研究过程，呈现了'走进教师自身教学世界，扎根自身教学情景'的真实科研历程"[①]。因此，嘉兴市教育科研规划部门在"微型课题"研究方案的要求上，突出"问题解决"这一主线，给一线教师研究自身的教育教学问题以引导，在经历研究过程的同时解决现实问题，更加突出行动研究的特色。

　　一线教师申报国家级课题的机会相对较少，一则因为国家级课题的申报对研究基础的要求比较高，二来国家级课题在学术要求与成果创新上也是相当严格的。对于一线教师而言，一般以市级或省级课题为主，更多的一线教师则是从市级乃至区级、校级课题的研究开始接触课题研究的。因此，下一问题解析便以省市级课题研究申报方案（区级课题申报方案的内容要求一般与市级相同）的基本要求为内容框架，围绕课题研究的背景和意义、文献综述、研究界定、研究目标、研究内容及研究策略路径等板块，分别作深入阐述。

---

① 吴丽萍，王羽左. 导航 助长 催发 共生——嘉兴区域教育科研的四大效应 [J]. 上海教育科研，2013（7）：56-58.

# 问题10：课题的提出一般怎么写？

从课题研究方案的文本结构来说，第一部分要说清楚选题的意义与价值，体现在文本中可以称作"课题的提出"或"问题的提出"，又称"选题缘由"或"研究的缘起"，还可称作"研究的背景及意义"。这几种称谓虽然用词不同，但承载的目的是相同的，意在回答"为什么要研究这个课题"这一问题。

我们已经知道，一线教师做教育科研的选题来源可以是自身的教育教学实践，也可以是教育教学改革的热点，还可以是经典理论的学习和他人经验的迁移或改造。无论是哪种角度的选题，都有着相应的选题背景。课题研究的背景一般包括时代背景、理论背景及实践背景三个方面。

时代背景是指所处的时代对课题选择的影响或条件。时代发展中产生的诸多新问题、新要求、新挑战等，通常会影响教育发展。教育如何顺应时代发展，应该是教育科研课题研究思考的背景因素之一。理论背景是指影响课题选择的理论或理论因素。同理，实践背景是"指实践对课题选择产生影响的因素或条件"[①]。当然，具体写作时，三者不是割裂的，需要根据相关课题的选题视角作出分析。以下结合具体例子来谈"课题的提出"的写作要点。

## 一、时代背景阐述须适切

对于一线教师而言，阐述课题研究背景时，最常见的问题是出现大而空泛、"戴高帽""穿新靴"的现象，却对时代背景与研究课题之间的关系把握不够到位。如1985年国家颁布的《关于教育体制改革的决定》中，针对"应

---

① 李冲锋.教师如何做课题[M].上海：华东师范大学出版社，2013：52-53.

试教育"提出"素质教育"这样一个"旨在提高受教育者各方面素质"的概念，之后许多教师在做课题研究时均以"素质教育"作为课题研究的背景。同样，当2014年3月教育部在发布的《关于全面深化课程改革落实立德树人根本任务的意见》中首次提出"核心素养"这个"热词"之后，许多一线教师的课题研究言背景必讲"核心素养"。诚然，"素质教育""核心素养""立德树人"等概念，应该是当时也是今后很长一段时间我们研究教育教学问题的时代背景，但碰到一些具体问题（比如微型课题），如果不深入思考而随意"戴帽子"，这样的研究背景就会显得空泛而不够聚焦，失去其针对性，不利于课题研究在落实时抓住具体问题，找准实践路径。

社会、政治、经济、文化、科学技术等的发展变化，必然会给教育、课程改革带来新问题、新要求、新挑战。时代背景主要阐述的是这些变化与研究课题之间的关系，只是在结合具体研究课题时不应该空泛地去谈，而是需要聚焦，找到贴合的背景点。比如，在2014年浙江省教育科学规划研究课题"区域实施'绿色评价'的实践与研究"（立项编号：2014SC174）[①]的"课题提出"中关于时代背景是这样表述的："深化课程改革，教育评价是一个绕不过去的事情。《国家中长期教育改革和发展规划纲要（2010—2020年）》在'巩固提高九年义务教育水平'内容中，明确提出'建立国家义务教育质量基本标准和监测制度'，以真正促进学生的体质增强，保障学生'科学安排学习、生活、锻炼，保证学生睡眠时间'，在提高学业水平的同时，保证学生的体质健康水平。这是国家在课程改革进入深水区后，对教育评价实践中存在问题的必然举措。"

评价是素质教育的重要组成部分。本课题在阐述时代背景时，没有从素质教育切入，而是从课程改革切入，从评价改革着笔，但这并不表示本课题的研究与素质教育无关，而是因为体现素质教育实施具体化的课程改革与评价改革和本课题的研究问题关系更直接、距离更近，所以选择评价改革的发展需要这样的研究背景分析才更具有针对性，更能为后续研究解决问题的实践思考提供帮助。

---

① 本课题负责人为原浙江省嘉兴市南湖区教育文化体育局沈静局长。

## 二、实践问题呈现要真实

一线教师做课题研究的主要目的在于实践问题的解决。因此，在"课题的提出"部分所提出教育教学问题的真实性十分重要。唯有真实，才需要解决；也唯有真实，才会有可能解决。

如上海市宝山区行知小学团队的全国教育科学"十二五"规划课题"实践共同体视域中成熟期教师适应性专长发展和观念重构的研究"，在"问题的提出"中就"成熟期教师"的特点提出这样几个问题："很大部分教师专业发展过程也会遭遇高原期，他们从教十多年，积累了一定的专业经验，但常因自身的经验及资历而自以为是，也会因'职称'到顶而不思进取；会因自己对岗位工作的熟悉，在'小环境'的显赫成就而骄傲自满，也会由于满足于已有的成就或地位，产生'职业懈怠'的心理，从而失去进一步发展的动力和进取心。"[①]此课题提出的问题，正是基层学校中成熟期教师的普遍状况，探索解决这些问题，促使成熟期教师的专业再发展，是教育发展进程中一个必要的、迫切的、重要的问题。

问题呈现的真实，并不是越具体越好，而是需要作一定的归并与提炼，即需要将具体问题上升至普遍问题，这样更利于设计相关策略，以期解决问题。如上文提到的课题"区域实施'绿色评价'的实践与研究"，在"课题的提出"中，分别从评价要素、方式与分析三个维度对现阶段教育质量综合评价工作进行深入分析与思考，并对相关问题进行归并与提炼，呈现了教育评价实践中存在的典型问题。

问题一：评价要素模糊。传统的教育评价更多地以单纯的学业成绩作为唯一标准，忽视学生的学习品质与身心健康，弱化对学生为取得成绩所付出的代价的考量，从而造成应试观念难以从根本上改变。

问题二：评价方式单一。传统的教育评价一般以目标参照评价为主，表现为"一考定终身"，且更多以书面考试为唯一的评价方式，从而无法全面

---

① 姜敏.实践共同体视域中成熟期教师适应性专长发展的研究[M].上海：上海科学普及出版社，2018：1.

评定学生的学习水平。

问题三：评价分析重经验、缺实证。传统的教育评价，对评价结果的分析侧重经验分析，缺乏全面系统分析的方法，造成许多评价只有结果数据，缺少相应的改进建议与指导，过于强化评价的判定功能，弱化了评价的诊断价值。

熟知与了解教育教学现状的教师都知道，以上三个问题是传统教育评价的最大弊端，在基层教育教学工作中大量存在，是课程改革进入深水区后必须面对且需要我们通过探索研究加以解决的。

## 三、研究价值判断有说明

一个课题的研究是否有意义、有价值，同样需要在研究方案的"课题的提出"部分作一定的价值判断。当然，这种价值判断是在对课题研究的时代背景、理论背景与实践背景的分析基础上作出的，有相应的理论依据和实践依据。

比如，我们在"小学数学活动教学研究"这一省级规划重点课题"问题的提出"部分谈到了理论背景和时代背景："'活动'是儿童感知世界、认识世界的主要方式，也是儿童进行社会交往的最初方式。儿童在'研究数量关系和空间形式'的过程中，同样离不开相应的活动。"新课标背景下的小学数学课堂，"强调数学学习过程的活动性，突出了数学活动在学生数学学习过程中的重要作用"。反观小学数学课堂教学实践，"数学学习方式单一、被动"的现象大量存在，面对这样的状况，提出"小学数学活动教学研究"的课题，其价值在于：通过数学活动，"引导学生参与到探索知识的发生发展过程中，突破以往数学学习单一、被动的学习方式，关注学生的实践活动和直接经验，使学生真正参与到数学学习过程中去，通过自己主动的活动获得情感、能力、智力的全面发展"[①]。

又如，上海市宝山区行知小学团队的全国教育科学"十二五"规划课题

---

① 陆福根.问题探讨与教学研究——嘉兴市第三期名师工程论文集[C].杭州：浙江人民出版社，2013：85-86.

"实践共同体视域中成熟期教师适应性专长发展和观念重构的研究"阐述了本课题的研究价值：发展教师的适应性专长，可以促使"教师面对旧问题却更愿意用新方法去解决的意愿和能力，或者面对新问题，乐意寻找办法尝试解决"。总之，"形成适应性专长，促进成熟期教师发展的瓶颈突破"。另外，建构"实践共同体"，"一方面对教师个人的教学观念重构起到思想启发和观点完善的作用，另一方面也对形成教师适应性专长具有促进作用"[①]，最终探索促进成熟期教师适应性发展的实施路径。

---

① 姜敏.实践共同体视域中成熟期教师适应性专长发展的研究[M].上海：上海科学普及出版社，2018：2.

# 问题11：如何写好课题的相关研究综述？

课题研究综述是课题研究的重要组成部分，越是级别高的立项课题申报，在方案内容中对"相关文献综述"的要求越高。这是由教育科学研究需要"站在巨人的肩膀上"，在前人探索的基础上深入研究，有所创新特质决定的。比如，在"全国教育科学规划课题申请书"中的"选题依据"的第一部分，就要求写清楚"国内外相关研究的学术史梳理及研究动态"。在"浙江省教育科学规划研究课题申报、评审表"中"选题的意义和价值"之后，便要求对与本课题研究相关的"国内外研究现状"作出述评。

对于一线教师而言，做课题研究的目的更多不在于理论或实践的创新，而是解决教育教学实践问题。这是不是说，一线教师做课题研究时就不必作相关文献综述了呢？显然不是。事实上，相关研究综述既是一种在课题研究中对所选课题的意义与价值深入理解与重新判断的过程，也是一种研究的方式。可以说，相关研究综述对任何一个级别的课题研究者来说，都是有意义的，也是有价值的：做好研究综述，一则促使教师搜集与研究课题相关的资料，能对与本研究课题的相关领域或相近领域有完整的了解；二则客观上能够打开一线教师的研究视野，拓宽研究思路，有利于教师在学习相关研究成果的过程中，对本研究课题作出深度反思，适当调整研究方向、研究内容或研究策略，为形成切合自身实际的解决教育教学实践问题的策略路径提供支持。

在具体方案中，一线教师在撰写相关研究综述时一般需要做好以下三步。

## 一、搜集资料

搜集资料，即从核心研究点出发广泛涉略相关研究内容，把握研究现状。教育科学研究的一个重要特点是突破常规，体现创新。因此，研究者搜集与自己主持课题相关的他人研究成果，了解研究现状，是极其重要的工作。实践中，我们可以通过相关课题的核心研究点进行文献检索，以获取他人已有的研究成果。

比如，在对"小学数学活动教学研究"这一课题进行相关研究成果的检索时，则以"数学活动""数学活动教学""小学数学活动教学"等关键研究点在嘉兴数字图书馆上进行检索。以"数学活动"为关键词检索，可获得234933个结果；以"数学活动教学"为关键词检索，可获得179888个结果；以"小学数学活动教学"为关键词检索，则得到89959个结果。再以"数学活动功能"为关键词检索，可得到6654个结果；如果以"数学活动特质"为关键词检索，则得到279个结果。[①]由此可知，在关于数学活动的研究中，相关研究成果还是颇为丰富的，需要我们对已有研究成果进行分析、把握，从而确立研究重心与切入点。

再如，上海市宝山区行知小学团队的全国教育科学"十二五"规划课题"实践共同体视域中成熟期教师适应性专长发展和观念重构的研究"，研究者在"相关研究综述"中则是借助中国知网平台，以"篇名""关键词"为检索项，以"适应性专长""实践共同体""教学观念"等为检索词，"时间跨度从2000年1月1日至2013年5月18日，采用'精确匹配'方式进行检索，共检索到与本课题相关的各类文献几千条"[②]。有了这么多的文献，在此基础上作出分析梳理，为我们了解"研究现状"提供了必要的基础。

---

① 此组数据为写作此文时所作统计。
② 姜敏.实践共同体视域中成熟期教师适应性专长发展的研究[M].上海：上海科学普及出版社，2018：2-3.

## 二、归类整理

即以不同研究维度对已有研究成果进行筛选、分类,整理。事实上,通过平台搜集到的研究成果,有许多是重复的,还有一些文献只是涉及关键词,具体内容与相关研究课题基本是不相关的。因此,对于通过平台搜集到的文献,首先需要进行筛选。一是从时间跨度上筛选,给定一定的时间跨度后,过早的研究可以略去。二是增加文献的时限项或关键词的内涵扩展,如从"数学活动"到"数学活动教学",或者到"数学活动的功能""数学活动的特质"等,使搜集到的文献资料明显减少。在此基础上,再对相关文献进行阅览分析、归类,这样比较容易聚焦,找到关联性较强的文献。

如以"数学活动特质"为关键词用以上方式检索后,得到的主要文献有《数学活动的特质与有效教学策略》《探究数学活动的特质及有效教学策略》《让儿童在数学活动中积累经验》等几篇。而以"数学活动教学"为关键词进行检索后,搜集到的文献资料则相对比较多,但确定好时间和对象范围,并对重复性的文献进行一定的梳理后,仍然可以控制在50篇以内,这对较为深入地阅读与分析文献比较有利。

当然,在搜集到较为全面的文献资料后,对检索到的文献资料进行筛选、整理时,一般需要把握以下"四用四不用"原则:能用一手资料的,不用二手资料;能用权威资料的,不用一般资料;能用正式出版资料的,不用内部资料;能用直接资料的,不用间接资料。

当有了一定量的文献资料后,便可将这些文献按不同研究侧重点进行分类,便于后续阅读分析。

## 三、分析述评

即对搜集到的资料围绕某个维度进行一定的综合分析。一线教师做课题研究,除了不太重视、不够全面阐述相关研究综述等普遍性问题之外,有些教师虽然在方案写作中涉及了这方面的内容,但在实际的综述中更多的是材料罗列，缺乏分析与评论，造成"综而不述""述而不评"等问题。课题研究中"相关研究综述"的基本要求是有综、有述、有评，做到"综而述之""有述有评"，在此基础上明晰自身课题的研究方向和研究突破点。

写作时，一般是先"综而述之"，即把他人的研究成果或观点分门别类地呈现出来，然后简要评论，以供读者对研究现状有深入的了解。当然，评论可以是分类评，也需要有总评。我们来看一位教师在做"非连续性文本研究"时所做的文献综述。

研究者在对2002—2012年间的245篇与"非连续性文本"相关的文献进行归类分析之后，确定了要围绕概念认知、试题解析与阅读教学三个研究点对18篇文献进行综述，其中8篇文章涉及非连续性文本的"概念认知"。研究者又将这8篇文献分为非连续性文本的"概念""类型""特点"三部分内容进行述评。下面是对"非连续性文本概念"的述评：[①]

PISA测试认为非连续性文本是"由列表（list）构成的文本，是与连续文本形式不同的、不是以句子为最小单位的、需要不同于连续文本的阅读策略的文本，包括：清单、表格、图表等"[1]。在"新课标"中，非连续性文本依然是相对于连续性文本而言的，但是在呈现形式和构成元素上着眼于"图文组合"和"多种材料组合"[2]，涵盖了PISA测试中的多重文本和混合文本。此外，有国内学者从"非连续"一词出发理解，但是在"非连续"的内容指向上有歧义。如张年东认为"非连续"是文本"意流"在文本内部暂时的断裂[3]，着眼于语义逻辑的间断；许锦则表示只要文本存在间断性（无论篇章形式或语义逻辑）都可以称为非连续性文本[4]……在理解过程中，研究者们逐渐脱离表格这一框架形式限定，将注意点转移到表格所承载的文字或图表，关注这些文字或图表的形式及内容。这一转移使非连续性文本丰富了内涵、扩大了外延，是非连续性文本与语文学科良好融合的表现。

……

参考文献：

[1] 陆璟.PISA测评的理论和实践[M].上海：华东师范大学出版社，2013：15-16.

---

① 潘红.近年来非连续性文本研究文献综述[J].上海教育科研，2015（10）：40-44.

[2]中华人民共和国教育部.义务教育语文课程标准：2011年版[S].北京：北京师范大学出版社，2012：13-15.

[3]张年东.从PISA测试看课标中的非连续性文本阅读[J].语文建设，2013（13）：23-27.

[4]许锦.非连续性文本的阅读与解析[J].语文天地，2013（24）：3-5.

……

这则"相关研究综述"中，有"分而述之"，又有"述而评之"，且还有分评与总评相结合，使读者对"非连续性文本"的研究现状有了比较完整的了解。

在"实践共同体视域中成熟期教师适应性专长发展和观念重构的研究"这一课题的相关研究综述中，其述评部分以"适应性专长研究的发展脉络"与"教师实践共同体的研究进展"两个部分展开。在第一部分中，分国际与国内两个部分进行述评：国外分为"1986年开始的前探索阶段"和"自2000年开始后，教师学习领域中引入适应性专长"；国内则以张敏、薛伟民、王美等博士、硕士论文为文献研究内容进行综合分析，最终得出结论。

最后，介绍几个文献数据库。国内常用的文献数据库有"中国知网""龙源期刊网""中国人民大学书报资料中心"等，资料较为丰富、全面。

# 问题12：课题界定可以从哪几个维度写？

课题界定，其实质是对课题研究核心内容作深入思考的过程。它是课题研究"理论构思"的重要组成部分，是课题研究方案中极为重要的部分。对研究课题的界定，一般包括两个部分：一是研究核心概念的界定；二是课题研究范围的界定。

所谓核心概念，是指"能够集中反映课题研究主题或主要内容的概念"[①]，一般来自课题名称。如"小学生'长作业'设计的实践与研究"中的"长作业"，便是该课题的核心概念，也就是本课题研究的主要内容。

在课题研究的"理论构思"中，对核心概念的界定其实是对"研究什么"的进一步思考，包括两个层次：一是明确研究的"是什么"，即研究的方向；二是厘清研究的内容范围。

概念是反映事物特有属性的思考形式，是进行判断和推理的基础。在课题研究的"理论构思"中，给概念下定义，即告诉我们"是什么"的问题。那么，具体又该如何界定研究课题的核心概念呢？实践中，有两种不同的定义方式。

## 一、从概念的本义和特指义两个层面依次下定义

给一个研究课题的核心概念下定义时，可以从概念的本义和特指义两个层面予以介绍。概念的本义是指概念本来的意思，可以出自词典，也可以是其他研究者对此概念的界定。概念的特指义是指在本课题研究中所表示的含义。

---

① 李冲锋.教师如何做课题[M].上海：华东师范大学出版社，2013：57.

比如"小学数学活动教学研究"这一课题，研究的核心内容是"小学数学活动的设计与教学"。参与课题研究的所有人员需要对"什么是小学数学活动""小学数学活动一般具有怎样的特点"等问题有比较深入的理解和把握，才能在后续实践研究中加以落实。据此，课题组是这样界定该课题的核心概念的："活动是为达到某种目的而采取的行动。数学活动即是为了达到学习数学知识、习得数学技能、发展数学思维、提高数学素养而采取的行动，具有很强的目的性。……新课程理念下，数学活动的内涵已经有了极大的丰富。学生通过相应的数学活动，不仅要有知识、技能的习得，更需要有数学思想的体验与获取，有数学基本活动经验的形成。"[1]

在界定数学活动时，首先介绍《现代汉语小词典》中关于"活动"的解释，然后根据此定义给出自己所认为的"数学活动"的含义，并对其作进一步的补充说明："数学活动具有很强的目的性"；"新课程理念下，数学活动有数学思想的体验与获取，还有数学基本活动经验的形成"。这样的界定，看的人也比较容易理解"数学活动"是什么。

这样对核心概念进行界定的方式在许多课题中也同样适用。比如，浙江省教研课题"初中历史与社会错题辐射复习法的研究"中的核心概念便可从"复习法"到"辐射复习法"的界定，最后再界定"错题"与"错题辐射复习法"。这种依次增加定语的过程，便是从核心词的本义逐步聚焦到特指义，也是课题核心概念界定中比较常用的方法。

## 二、从概念内涵与外延两个维度分别阐述

在逻辑学范围内，概念结构分为"内涵"（即本质属性）与"外延"（所包含的范围）。认识某个概念，可以从概念的内涵与外延两个角度去理解。研究课题中的核心概念同样可以从这两个角度作阐述。

一位教师在课题"以'随文练笔'构建'语用型'阅读课堂实践研究"[2]中对关键词"语用"是这样界定的："语用，即语言文字的运用，是学生

---

[1] 费岭峰.课堂的魅力——小学数学活动设计与教学[M].上海：华东师范大学出版社，2017：3.
[2] 本课题负责人为浙江省嘉兴市辅成教育集团倪雪芹老师。

在语文教学中对母语运用的学习及言语运用实践活动。"从这一定义来看，在语文教学中，"语用"既是对"母语运用的学习"，又是"言语运用实践活动"。

课题接着又介绍了"语用"的几个特征："首先，语用的基础是理解、内化，因为语言是一个符号，不像程序清晰的操作技能可见、外显，能模仿。其次，语用的学习需要经历一个理清、辨析、讨论的过程，因为语言永远是跛脚的使者，不同的人对语言的理解有时会产生偏差。再次，语用的练习应该在参与互动中进行，因为只有'在游泳中才能真正学会游泳'，学习语用的最好途径自然是语言实践本身。"有了这一段补充，使得对"语用"的概念界定相对丰满，也更容易让人理解。

当从一个概念的内涵与外延两个维度分别作阐述后，既可以说明相关概念的含义，又表明了此概念与其他类似概念的区别。比如，课题"领会教学法在小学球类教学中的实践与研究"中对"领会教学法"这一核心概念的界定时，说得更为直接。

"内涵解释：'领会教学法'是教师遵从学生认识运动世界的规律，让学生全身心参与到运动中去，在运动中认识世界的方法。外延解释：从'身体知'相对传统认知具有认知理论变革的意义来看，'领会教学法'并非'直观法''讲解法''练习法'那样狭义的教学方法，而是超越传统体育教学方法论的一种新的体育教学方法论。"[1]

有了这样的界定，一般教师也就理解了"领会教学法"的含义。

## 三、从概念的定义和研究范围作课题的界定

研究课题的界定，除了对核心概念（或关键词）作出定义之外，同样需要结合概念的厘清对研究范围作出界定，以避免研究缺少聚焦，造成研究进程出现偏差，最终无法取得有效的研究成果。

如课题"小学语文教学中关键性内容的设计与实效研究"[2]，研究的核心

---

[1] 陈徽，赵明."四力"提升体育教师撰写课题方案能力[J].中国学校体育，2018（11）：46-48.
[2] 本课题负责人为浙江省嘉兴市实验小学冯景老师。

内容是"关键性内容的设计与实践"。参与课题研究的所有人员需要对"怎样的内容才是一节课的关键性内容""它与教学重点有怎样的区别与联系"等问题有比较深入的理解和把握。因此，课题组从以下两个层面对核心概念进行界定。

教学内容与关键性教学内容：在一节课中，教学内容是指教师依据课程标准、教材和课程所设计的，有意传递教学目标的相关素材或信息。关键性教学内容是指对整个教学活动能起到"牵一发而动全身"的重要影响的相关素材或信息。

语文教学中的关键性内容，即语言文本内在联系的某种线索，是对整个语文教学活动能起到导引学习、发散阅读、深化理解等作用的词、句、段。

本概念的界定，先从"关键性内容"的定义入手，然后通过"语文教学中的关键性内容"的阐述界定本课题研究的学科范围，引导课题组成员深入思考"语文课堂教学中的关键性内容"，这为研究课题的实施确定了清晰的逻辑起点和操作视角。

以上是就一线教师在课题研究的"理论构思"中对课题核心概念界定的一些方法。当具体到某个课题时，有时也可以分成两个部分来写。现附上一则例子。

附：浙江省教研课题"阅读教学中学生言语能力建构的策略研究"（2010年浙江省教研课题，立项编号：042023）[①]的课题界定。

（一）核心概念的界定

"言语"是运用语言说与写的行为过程和结果，其基本特征有三：一是动态性，它是语言系统中各种成分的自由结合；二是主观性，它与个体的思想认识、表达水平、生活经历等因素密切相关；三是个性化，个人言语生成的结果具有鲜明的个人特色。

"言语能力"是指个体在与他人交往时运用语言工具顺利进行信息传递的稳定的心理结构。在语文学科中，它包括听、说、读、写四个方面。通俗地说，"听"是指听得懂，"说"是指说得出、说得好，"读"是指读得懂，"写"

---

① 本课题负责人为浙江省嘉兴市秀城实验教育集团钱倍倍老师。

是指写得出、写得好。言语能力具有阶段性、反复性、实践性等基本特征。

"言语能力建构"是指学生在学习和运用语言的实践过程中形成言语能力的过程，具体包括阶段性目标的合理设置、言语技能的反复训练、言语实践活动的开展等内容，其中学生是言语能力建构的主体，要努力让学生在探索和发现中自主建构言语能力。

（二）本课题研究范围的界定

"阅读教学中学生言语能力建构的策略研究"侧重阅读教学，以言语能力中读和写的能力作为主线，通过课例研究，形成在阅读教学中学生言语能力建构的可操作性策略，从而促进学生言语能力的发展。

# 问题13：如何确定课题的研究目标?

目标，一是指目的；二是指标的，对象。课题研究的目标，是指对研究活动预期结果的设想，既有对研究实践预期目的作出的假设，也为研究活动指明了方向。通俗地讲，课题的研究目标，即通过研究需要解决什么问题，或者产生怎样的效果。课题研究的目标定位也是一个课题研究方案的重要部分。

一线教师在确定课题研究目标时容易出现两种典型问题：一为"泛化"，二为"窄化"。所谓"泛化"，即是将课题研究目标扩大化。如一位教师在研究"以家园联动为载体培养幼儿生活素养的实践研究"这个课题时，确定了如下三个研究目标。

目标1：通过课题研究，培养幼儿阶段必须具备的生活素养，包括适应幼儿园集体生活、了解必要的生活常识、养成良好的生活习惯、掌握基本的生活技能等。

目标2：通过课题研究，引导家长领悟我园的教育理念，增强家园合作共育的观念和行为。家园联动探索幼儿生活素养教育的方法、途径，构建适合我园实际的幼儿生活素养教育活动模式。

目标3：通过课题研究，展现我园师幼朝气蓬勃、积极向上、活泼大方的风采，使我园的办学成效进一步赢得社会和家长的认同。

以上三个层次的研究目标，如果说目标1和目标2还可以算是与本课题研究相关，目标3则显然已经游离于本课题研究之外，是一个泛化了的研究目标。

实践中，一线教师在确定研究目标时"泛化"的原因一般有两个：一是课题研究者对教育科研课题研究活动的理解不当，将课题研究与工作规划混淆，这种情况一般出现在学校管理者的课题研究中；二是研究者由于对问题的实质把握不清，进而对为解决问题而确定的研究课题的核心内容认识模糊，造成目标定位不当。课题研究目标定位的"窄化"，则更多表现在研究者对课题研究对象变化的关注，忽视课题研究本身，特别是操作策略层面上的设计与实践成果的关注。造成目标定位"窄化"的原因，更多的是研究者对课题研究目标的理解片面，缺少课题研究目标制定的经验。

结合一线教师做课题研究的价值定位，他们一般从三个维度来确定课题研究目标：一是课题研究本身的成果性目标，可称为"本体目标"；二是期望研究对象发生的变化，可称为"对象目标"；三是期望研究者（即研究主体）自身发生的变化，可称为"主体目标"。

## 一、确定本体目标

本体，即事物的本身，在课题研究中，是指课题研究的过程。一个研究课题，通过研究实践，需要形成一系列的解决问题的方法、策略。这就是本体目标所需要考虑的范畴，也称为策略性目标。

如一位教师的省级课题"运用几何直观培养小学生解决问题能力的实践研究"（浙江省2014年教科规划农村青年专项课题，立项编号：2014NQ42）[①]，其申报的研究方案在研究目标中有这样一条："通过本课题的探索与研究，为运用几何直观培养小学生解决问题的能力提供一套切实可行、有效的策略。"

这样的目标，应该是本课题研究中最直接，也是最需要深入思考、积极探索的目标。当然，从更具体的层面来考虑，还可以将这一目标作进一步分解，如：（1）厘清"几何直观"与学生"问题解决能力"之间的关系；（2）形成基于学生"发现与提出问题""分析与解答"能力培养的直观法的应用策略路径；（3）形成应用"几何直观"助力学生问题解决的小学数学"问题解决"教学的典型课例。

事实上，以上三个层次本体目标的细化过程，也是一般以教学问题解决

---

① 本课题负责人为浙江省嘉兴市南湖区余新镇中心小学范林海老师。

为主题的研究课题的基本定位思路，体现了三个层次的目标假设：一是理论思辨，想清楚核心内容间的逻辑关系，属于理论研究层面，也是实践操作的逻辑基础；二是具体方法的应用层面，这是解构具体教学活动的常用思路；三是典型课型的探索，这也是从一节课上升到一类课的思考策略，是后续研究成果推广的基础。显然，以上三个层次的"本体目标"定位，使课题研究在策略路径探索上有了方向，为扎实开展课题研究活动提供了保障。

## 二、确定对象目标

对象，即研究对象。对象目标，即通过课题研究实践后，研究对象发生的变化。对于一线教师而言，课题研究的出发点是问题解决，因此对象目标的确定是对问题解决预期的假设与判断，则更具有实践意义。

如以上所列举的"运用几何直观培养小学生解决问题能力的实践研究"这一课题，研究的教师在"对象目标"的定位上是这样描述的：希望通过研究，能够"提高小学生运用几何直观解决问题的能力，激发学习的兴趣，形成灵活运用几何直观解决数学问题的习惯"。显然，在这一目标描述中，我们可以清楚地看到，通过课题研究实践，期望作为研究的对象——学生，能够在运用几何直观解决数学问题的意识和能力，乃至对解决数学问题的兴趣等方面发生变化，产生效果。

有了在研究对象层面的目标定位，便能帮助研究者对课题实施过程中所采用的策略方法是否有效作出即时判断，也为后续研究成效分析提供依据。

在一线教师的课题研究中，因为问题解决的目标群体不同，对象目标的确定不仅仅是指学生，有些可能是教师，也有些是课程等，由此在对象目标的定位上，也需要有所不同。

如一位校长主持的"建设'教师发展学校'的行动研究"（浙江省2014年教科规划课题，立项编号：2014SC177）[①]这一省级课题，其研究对象显然不是学生，而是教师。因此，确立本体目标"通过课题研究，探索教师发展、学校运行的机制，包括合作对话机制……"之后，明确了对象目标："通

---

① 本课题负责人为杭州师范大学附属嘉兴经开区实验小学姚顺林校长。

过课题的实施，强化教师职业认同感，形成先进的教育理念，提高学科教育技能水平，培养一批教学骨干、学科带头人，着力打造一支身心健康、积极向上、高素质高水准的教师团队。"

再如一位教师主持的省级课题"'TCT'幼儿美术课程的开发与实施研究"（浙江省2014年教科规划体艺卫专项课题，立项编号：2014STWY32）[①]，其研究对象即为课程，于是便有了"构建具有园本特色的'TCT'美术课程体系，为开展美术活动提供可借鉴的经验和操作范式"的目标定位。

### 三、确定主体目标

主体即为研究者本人，是主持或参与课题的所有人。研究课题的"主体目标"即是通过相关课题的研究，研究者自身在理念与实践层面发生的变化。对于一个研究课题而言，本体目标和对象目标是一个研究课题必须考虑的，是研究者在研究过程中始终需要关注的部分，也是研究工作调整与改进的主要依据。相对而言，主体目标不一定作为目标提出来，有时可省去。如果要作为目标提出来，需要有明确的相关性和聚焦点。

如省级课题"'TCT'幼儿美术课程的开发与实施研究"，在研究目标中有这样一条："通过'TCT'美术课程的开设，提高教师开发课程的意识和活动开发能力，促进专业成长。"应该说，这一目标着眼于研究者的课程开发意识和能力，与课题研究的核心内容具有很强的相关性，因此也是合理的、可提的。

以上结合实例，围绕研究课题的"本体""对象""主体"三个角度谈了研究目标的确定问题。我还想强调的是，研究目标是研究课题观察分析研究成效的重要依据。因此，确定的目标越具体，越有利于研究者围绕目标展开研究，落实研究实践活动。

最后，再回到本文开头的课题"以家园联动为载体培养幼儿生活素养的实践研究"，其三个维度的目标可以调整如下。

目标1：通过研究，从"以园本为主、家庭为辅"的角度和从"以家庭

---

[①] 本课题负责人为浙江省嘉兴市烟雨幼儿园俞洁园长。

为主、幼儿园为辅"的角度，形成几条（或一系列）基于幼儿生活素养培养的家园联动基本操作策略。

目标2：在引导幼儿参与生活事件的过程中，提高幼儿解决一些生活事件的能力，培养一定的生活自理能力，形成一定的生活素养。

目标3：通过研究，提高教师对幼儿生活素养的认识，提升教师设计基于幼儿生活的学习活动的能力。

以上课题的目标中，因为对两种家园联动基本操作策略作了明确要求，会让研究实践更有方向，便于落实。

# 问题14：怎样呈现课题研究的核心内容？

在一个课题研究方案中，讲清楚课题的"研究内容"，其实就是讲清楚"研究什么"的问题。如果说课题选题是确定一个研究点的话，那么研究内容便是选题的具体化，在课题研究方案中有着重要的作用。

从课题研究方案的结构来说，课题的研究内容一般是在"选题缘由""相关研究综述""课题核心概念界定""研究目标"之后呈现。事实上，为了能够让读者对课题研究的内容有整体感知，许多教师在研究内容板块以图式的方式将整体呈现。如一位教师主持的省级课题"'六顶思考帽'在幼儿园听评课活动中的运用研究"（浙江省2014年度规划课题，立项编号：2014SC178），在具体研究内容阐述前，呈现了如下的内容框架图。

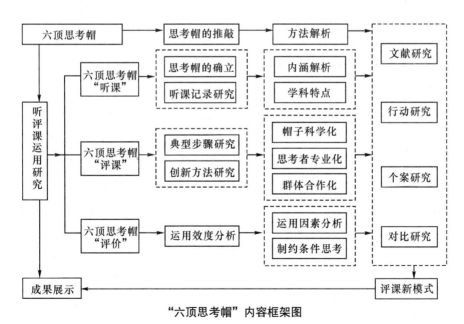

"六顶思考帽"内容框架图

应该说，这样的内容框架图不仅可以让我们对课题研究的整体思路、内容要点及研究方法等有比较清楚的感知、了解，在研究逻辑上也能有相对比较清晰的把握。从这个角度说，架构课题研究的整体框架还是有一定的意义的。

然而，这样的课题研究内容框架也有其不足。它将"工作程序"与"内容要点"混合在一起呈现，一定程度上使研究框架显得过于复杂，有时也会存在研究逻辑不清晰的问题，造成读者无法清楚地把握课题研究的核心内容。

实践中，一线教师在设计课题研究的整体思路、呈现课题研究核心内容时须把握三个基本要求：一是知晓整体，即呈现课题研究的整体内容，告诉读者本课题主要研究什么，分为哪几个部分；二是说明逻辑，即通过图表将研究内容不同要素间的逻辑关系呈现出来，体现研究的意义；三是简洁明了，即以少量的文字或简洁的图表来加以呈现。在实际的方案撰写时，可以有以下三种方式加以表述。

## 一、文字表述法

作为课题研究方案的文本表达，文字表述是最常用的方式，也是一线教师比较容易应用的方法。有时候，朴素的文字会让课题研究显得平实，容易让人接受。比如前文谈到的市级课题"小学家庭作业创新设计研究"阐述课题研究的内容时是这样表述的："基于家庭作业的现状反思，怎样改变机械训练、内容统一、评价单一的现状？怎样的家庭作业才能拓展学习资源，让学生既加深对学习内容的理解又能学得主动又有乐趣？经过理性思辨，我们觉得应当从作业目的、内容、形式以及评价四个角度进行创新。从作业创新目的分析，应当从关注作业结果转变为关注作业过程；从作业内容上分析，可以考虑教师统一要求与自主选择相结合；从作业形式上分析，可以考虑书面作业和实践作业相结合；从作业承担者角度分析，可以考虑个人作业、小组合作和全班作业；从作业完成时间方面分析，可以考虑一日一任务和长期性作业相结合；从作业评价方式上分析，应当考虑教师评价转为多元评价。"

显然，这段文字已经很清楚地阐明了这一课题的核心研究内容，也充分体现了该课题中对家庭作业的创新视角，既有明确的研究对象，又有清晰的承载介质，为设计研究路径和策略奠定了基础。

当然，以文字表述课题研究的核心内容其不足在于，文字表达相对抽象，对课题研究内容要素间的关系呈现不够直观、明了，需要读者从文字中自己体会、理解建构，所以在一线教师中应用得不多。

## 二、表格呈现法

用表格呈现课题研究核心内容的方式，也是一线教师在方案撰写中比较常用的方法。如省级课题"创新幼儿园主题活动教学管理的实践与研究"（浙江省2012年教研课题，立项编号：041001）的方案中，课题负责人是这样呈现课题研究的核心内容的："幼儿园主题活动教学的全过程一般由活动设计、实施与反思评价等三个部分组成，因此我们主要从这三个方面创新幼儿园主题活动教学管理的研究。"（如下表）

**幼儿园主题活动教学管理创新要点表**

| 管理内容 | 关注形式 | 创新要点 |
| --- | --- | --- |
| 活动方案设计 | 教案 | 从"关注文本材料"向"研讨方案设计"转变 |
| 活动实施过程 | 课堂 | 从"规范教学行为"向"研究教学问题"转变 |
| 活动反思评价 | 反思日志 | 从"关注结果考评"向"重视过程分析"转变 |

从以上表格中可以清楚地看到，本课题研究的核心内容主要有三个维度：一是活动方案设计维度，二是活动实施过程维度，三是活动反思评价维度，且知晓了每个维度关注的载体，分别是教案、课堂与反思日志。当然，还有"创新点"的落实，又有三种不同分析与解读点的呈现。

通过表格，对本课题相关研究内容作阐述后，又增加了一段说明："同时，新纲要背景下的教学常规管理，在注重教师个体行为的指导、引领的同时，更关注教师团队的集体智慧和合作价值，关注教师个体的专业成长。因此，我们在主题活动教学管理的实施中，同样采用个体与团队相结合、以团队为主的管理思路。"这一补充说明了研究过程中,不仅要关注教师个体的行为,同时要关注教师团队的成长,使课题研究的价值得以提升。

## 三、图文并茂法

图文并茂地呈现课题研究核心内容的方式,是现阶段最为一线教师喜欢的方式。这显然与此种方式形象、直观,易表现研究内容要素间的逻辑关系有关。如果摒弃为画图而画图的想法,能够结合课题特征,画出既形象又清晰的内容框架图,那么这不失为一种可以采用的比较好的方法。

如一位教师在研究市级重点规划课题"初中学法指导课程化的路径探索"[①]时,想要清楚地表达研究课题的核心内容:"设计的学法指导课程与国家课程、地方课程融为一体,在学校层面全面推行学法指导系列课程,包括:学习指导讲座、学科学法指导、学法指导渗透式教学、学法指导主题班会、学法微课堂、学法指导个案诊断等。"用下面的框架图加以呈现,表明这些课程之间的关系。

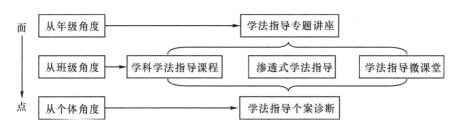

"初中学法指导课程化的路径探索"框架图

以上框架图清楚地呈现了课题研究内容间的关系,对象维度、形式维度与策略维度间的逻辑关系明确,利于课题研究实践有条不紊地进行。

再如一位教师在研究省级课题"基于'学为中心'的小学数学课堂教学设计与实践研究"(浙江省2013年教研课题,立项编号:13A219)[②]时,对课题研究的核心内容是用以下图来呈现的,然后再结合图式进行解释说明。

---

① 本课题负责人为东北师范大学南湖实验学校万胜明老师。
② 本课题负责人为浙江省嘉兴市秀城实验教育集团陈芳华老师。

**课题研究核心内容呈现图**

"学为中心"的课堂上，"教的动作"是围绕学生"学的动作"而展开的，"学生的成长"是通过自身的学习达成的，教师为学生的成长提供必要的环境支持。学生学的关键动作有五个：提问、尝试、交流、建模、应用。

提问：对所学内容提出真实存在的疑惑和学生急需解决的问题。

尝试：针对问题利用已有的知识和数学思想方法，尝试自主探究解决问题，体验知识的形成过程。

交流：在学生个体独立探索、自主思考的基础上，先进行小组合作互学，交流对问题的理解和解决方法，提出独立解决问题时碰到的疑惑和困难。再在小组合作学习的基础上，就各组解决问题的不同方法、典型错误、困难困惑等进行全班交流展示，共享解决问题的方法和经验，探讨有疑惑的问题。

建模：在自主尝试、小组合作、全班交流的基础上，尝试用数学符号表示数学问题中的数量关系和变化规律，求出结果，并讨论结果的意义，初步形成模型思想，提高学习数学的兴趣。

应用：建立初步的数学模型之后，尝试用新学的数学知识进行概念判断、巩固练习、解决问题等训练，促进新知识的巩固与掌握，进一步提升学习能力。

有了以上研究内容的说明，在接下来的实践中，便可以清晰而又扎实地结合课堂教学落实研究活动，以验证这些关键要素是否真的是"学为中心"的小学数学课堂所必需的，是否可以成为特定要素。

## 问题15：如何思考与确定课题的研究路径？

研究内容需要讲清楚"研究什么"，研究路径则需要说清楚"怎样研究"的问题。当然，在谈确定课题的研究路径之前，我们首先需要厘清课题"研究路径"与"工作程序"（有时也称"行动路径"）的区别。

课题研究的"工作程序"，更多是指工作性质的推进过程或研究步骤设计，它是课题研究实践得以顺利开展的保障，一般包括三个方面：研究阶段、内容选择、环节设计及其说明。有时用文字叙述，有时用流程图配文字的方式呈现。如前文谈到的省级规划课题"区域实施'绿色评价'的实践与研究"的课题研究行动路径。

首先呈现路径图——

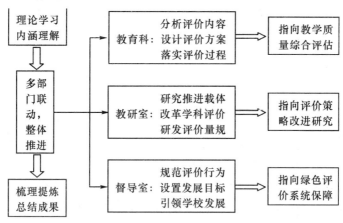

"区域实施'绿色评价'的实践与研究"的课题研究行动图径图

接着补充文字说明："理论学习、内涵理解"阶段，主要是通过学习国家省市的相关文件精神，切实把握中小学教育质量综合评价改革的核心思想，深入理解评价理念及内容的变化，明确教育评价改革的方向，为本区实施"绿色评价"奠定基础;"多部门联动,整体推进"阶段,结合各部门本身的职能,在综合素养评价理念背景下,实践教育质量综合评价过程,推进课题研究的深入;"梳理提炼、总结成果"阶段,主要在策略性成果和对象性成果方面作较为完整的分析与提炼。

这是典型的工作程序,即行动路径。从以上行动路径中,我们可以看出本课题三个阶段的研究主体与研究任务。清晰、明确的行动路径设计,不但对整个课题的研究工作做出整体规划,对相应研究内容的分工与阶段性推进制订计划,还有利于课题研究成员在不同研究阶段落实好研究工作,并对研究工作做出即时的反思与调整。

课题的研究路径,是基于研究课题内容逻辑设计深入研究的整体思路与具体实践路径,不但能够反映本研究课题的选题来源,还能清楚地表明本课题研究的着力点。实践中,我们可以将其归为三种基本的思考维度。

## 一、从理论到实践的研究路径设计

从理论到实践的研究路径,其实质是一种理论思辨、文献研究在前,实践研究、案例分析在后的研究过程。此种研究路径设计一般适用于来源于热点或理论应用的选题。如一位初中教师主持的省级课题"'学为中心'的初中作文教学的探索与研究"(2015年浙江省教研课题,立项编号:04325)[①],因涉及"学为中心"这一教育教学改革的热词,所以这位教师设计了如下的基本研究路径:

一是理解"学为中心"的教学特征及其操作要点。
二是思辨"学为中心"的教学在初中生习作能力培养中的价值。
三是探索"学为中心"的初中生作文教学的课堂结构与操作要点。
四是构建"学为中心"的初中生作文教学的基本模型。

以上四层次的研究路径,是基于本课题的内容逻辑来设计的,即要想深入研究本课题,首先需要厘清的是"学为中心"的概念与实践特质、要点,接着需要思考"学为中心"对创新初中作文教学的意义,对初中

---

① 本课题负责人为浙江省嘉兴市南湖区余新镇中学张彦老师。

生的习作及其能力培养是否有现实意义。当从理论层面对此有所认识与理解之后，才能切实探索实践策略与路径，构建相应的教学模型或创新教学方法。

在一线教师的教育科研实践中，有很多选题是从教育教学改革的热点中选取的，所以这种研究路径设计的思路在实践中较为常见。比如一位幼儿园教师主持的市级课题"利用自然资源构建幼儿园'田野课程'的实践研究"[1]，因为涉及"田野课程"这样一个不太为人所熟悉的概念，课题组将此课题的研究路径设计成以下四个层次：一是理解"田野课程"的核心要素；二是思辨自然资源与"田野课程"之间的关系；三是构建起基于园本自然资源的课程框架；四是通过实践不断调整改进课程结构，最后形成一定的课程体系。显然，本课题研究如果不将"田野课程"的核心要素、特点及与自然资源之间的关系思辨清楚，其实践是缺乏根基的。

## 二、理论与实践并举的研究路径设计

理论与实践并举的研究路径是一线教师课题研究的常用研究路径设计，它突出的是理论思辨与实践探索同步进行。此种研究路径设计一般适用于源自实践问题解决且相对有一定理论背景的研究课题。比如，在现阶段学校校本课程建设或拓展性课程探索的大背景下，一线教师围绕课程开发与实践研究的课题，因为课程本身具有的理念、内容、实践与评价四维要素已经有了相应的理论架构，所以在课题研究实践中更多采用的便是"边探索，边提炼"的研究路径。

如一位幼儿园园长主持的省级课题"幼儿园'玩耍'运动课程的构建研究"（2014年浙江省教研课题，立项编号：04-1-20）[2]，其研究的主要路径如下：

从课程愿景、课程内涵、课程特质与课程价值四个方面探索"玩耍"运动课程的基本要素。

---

[1] 本课题负责人为浙江省嘉兴市清河幼儿园盛科飞副园长。

[2] 本课题负责人为浙江省嘉兴市第三幼儿园沈红英园长。

从环境资源、器材资源、园外资源与人力资源四个维度探索"玩耍"运动课程的开发途径。

从课程目标、课程内容、课程实施与课程评价四个着力点探索"玩耍"运动课程的实施策略。

以上研究路径包括三个内容维度，研究过程不是截然分开的，而是以实践、思考的方式同步推进。比如，在课程基本要素的探索中，需要结合实践活动的分析与反思，适时补充、调整，逐步完善。另外两个维度的研究，也是采用"边实践，边反思，边提炼"的行动研究方式进行的。这样的研究过程，既需要理论思辨的支持，也需要实践活动的检验与推进，而这正是此课题研究最基本的方式与路径。

类似这样的研究路径设计，在一位校长主持的省级课题"小学德育案例教育校本化研究"（2013年浙江省重点规划课题，立项编号：SB070）[①]中同样有所体现。此课题是这位校长关于"小学德育案例教育"的第二轮研究。她在第一轮对德育案例结构与案例德育策略提炼的基础上，"围绕陈鹤琴先生的'培养现代中国人'的办学理念，把'学做人'作为课程核心，架构了案例德育课程体系"。

①拓展学习课程——根据目前德育现状，剖析学校德育问题，结合学生实际和学校发展需求，以"四爱"为目标，实施具有学校特色的案例德育校本课程。

②主题活动课程——拓展课堂教学空间，弥补"说教式德育"课堂的不足，把学生推向道德实践的舞台，使每位学生在主题德育活动中都有机会成为"德育案例"的主角。

③基础延伸课程——注重品德与社会课程典型案例的课后实践，以课后延伸活动助推学生道德发展。

显然，以上研究路径，既是实践的重要着力点，也是研究的理论支点。两者相辅相成，共同完善。

---

① 本课题负责人为浙江省嘉兴市东栅中心小学范冬云校长，材料引自其成果报告《学做人：基于案例德育的课程群建设研究》。

## 三、"问题归因—实践解决"的研究路径设计

"问题归因—实践解决"的研究路径设计,主要为一些实践性比较强的课题所采用。它突出的是实际问题解决与实践基础上的策略提炼。我们现在倡导的"个人教学问题专项课题"更多采用的是这样的研究路径。如一位教师主持的"小学低段数学教学中学生读图能力培养的实践与研究"[①]课题,因研究缘起是对低段学生"读图"过程中产生的问题的思考,研究的整体思路便是:问题归因,策略思考,实践探索。研究路径分为三个层面:一是通过一般化的读图活动,研究"读图能力培养模式的分层操作步骤";二是通过课堂实践,研究"读图能力培养的课堂操作途径";三是通过设计典型读图活动,研究"读图能力培养的典型操作策略"。显然,以上三个层面的研究是"起于问题产生—归于问题解决"的研究实践活动,为一线教师所喜欢。

当然,以上三条路径不管是哪一种,均是具体操作过程中的研究状态。当进入研究总结阶段时,必须经过理论上的提炼与思辨,后文将就此作进一步阐述。

---

① 本课题负责人为浙江省嘉兴市辅成教育集团邵秀云老师。

# 问题16：如何具化课题研究活动的操作策略？

从"想好了做研究"的课题研究基本特点来思考，一线教师在撰写课题研究方案时，对"研究内容与策略"部分的思考，除了呈现研究的基本实施路径之外，还需要具化课题研究活动的操作策略，预设具体研究活动的操作要点和方式，以便后续研究实践活动能够有效落实。

如一位幼儿园园长在省级课题"幼儿园'五乐游戏'活动的设计研究"（2014年浙江省规划课题，立项编号：2014SC180）[①]方案中，围绕幼儿园五大领域提出相应的"乐运动、乐表达、乐交往、乐探究、乐表现"等五乐游戏后，针对每一种游戏活动的设计，不仅作了进一步的分类，而且还在每类游戏实施时从"内容"和"支架"两个维度作了具体说明。如将"乐表达"语言类游戏分为"讲述类"和"表演类"，而针对这两类游戏又有具体的"内容"与"支架"说明。

内容设计如下表：

**内容设计表**

| 讲述类游戏 | 看图讲述 | 谈话交流 |
| --- | --- | --- |
| 预设内容 | 摆图找答案、拼图说故事、图片抢答…… | 词语接龙、说东道西、奇妙的录音机…… |
| 生成内容 | 提供故事、儿歌、诗歌等的图书、拼图、图卡、排图板等材料，供幼儿生成游戏内容需要 | |

支架设计如下图：

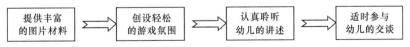

---

① 本课题负责人为浙江省嘉兴市第一幼儿园陈琼园长。

从这个例子可以看出，在课题研究方案中，有了整体研究路径的设计后，又在展开中将研究内容和实施策略进行具体化，使得研究者在落实后续研究实践活动时有了具体操作的依据。

对于一线教师来说，撰写方案时对具体课题研究活动实施的思考与表述，一般可以有"图表式"和"特征词式"两种方式。以下结合一些例子作具体说明。

## 一、借助图表呈现内容流程

课题研究中，因结构图、流程图及表格具有一定的抽象与归纳作用，所以都是研究者常用的提炼研究策略路径的方式。如"五乐游戏"研究课题中，研究者以表格呈现了"讲述类游戏"的具体类型与内容要素，又以流程图展示了该类游戏的具体实践支架和操作要点，使得研究者对该类游戏的研究实践过程极为清晰明了，为扎实实践奠定了基础。

前文谈到的一位教师主持的省级课题"运用几何直观培养小学生解决问题能力的实践研究"的方案中，针对"培养学生运用几何直观解决问题能力"这一研究内容，提出了"数形结合，以数化形""强调直观，以形析文"和"重视图例，突出关系"三条路径策略，然后又在每一种策略的具体阐述中，通过一张流程图表达策略的操作过程。

以下从这张流程图中我们可以清晰地知晓，第一条策略"数形结合，以数化形"的操作过程分为四个步骤。

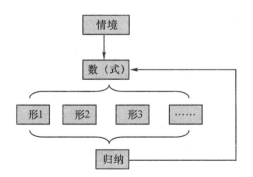

培养学生运用几何直观解决问题能力流程图

步骤一：由情境引出"数"（"问题解决"时更多表现为"式"，或问题解决的方法、策略等）。这应该是第一层次的认知，被看作学生的认知起点。

步骤二：请学生借助"形"表达自己的理解。此一阶段，正是学生借助几何直观展现自身认识水平的重要环节。从图中的"形1""形2""形3"等不难理解，此处的"形"因为学生认识角度或水平的不同，展现时可以是多样的、丰富的。

步骤三：从多样的"形"中找出共同点，作出归纳。这一过程有着"从直观到抽象""从多样到统一"的意蕴，也是学生思维得到提升的过程。

步骤四：结合交流的结论，重新解释解决问题的方法，深入理解"问题解决"的方法策略。

当然，借助图表来表达研究活动的具体过程，虽然比较直观，容易让人一目了然地把握研究过程，但在采用图表时，需要符合研究内容的特点，选取合适的图例，避免图例过于复杂或"花哨"，出现逻辑不清或要素过多的问题，对厘清研究内容或路径带来干扰，这就得不偿失了。

## 二、运用"动词"细化活动要点

对于一线教师而言，课题研究不只是单纯地思辨与提炼，更需要着眼于问题解决，突出教育教学的实践探索。因此，设计研究方案时，对结合实践深入探索的具体研究方法策略更需要有操作味、实践性，便于研究成员明确操作路径，把握实践要点。

以下结合省级课题"教研共同体中区域联动教研模式的探索与研究"（2014年浙江省规划课题，立项编号：2014SC153）[①]作具体分析。

本课题的研究者在方案中结合区域实际着眼于"引领式""助推式""联网式"三种联动教研模式的研究，明确相应的研究路径之后，又对每一种模式进行具化思考，对更为具体的操作过程作出假设与预想，对每一种模式的操作要点作界定与说明。对"引领式"和"助推式"联动教研模式的说明如下。

"引领式"联动教研模式的三个关键词为："解"—"引"—"议"。具体

---

① 本课题负责人为浙江省嘉兴市第二幼儿园唐燕迎园长。

说明：这一类型的教研模式适用于发挥第一层教师群体的经验，带领青年教师借助真实的课例解读领域目标、要点，积累初步的经验。

"解"——由引领教师解读"文本"，明确文本中所要传达的知识点与情感线，"解读在前"，使青年教师对课有预热的过程，对课的设计有理解基础。

"引"——由引领教师现场上课，将解读的内容融入教学过程，以引发青年教师深入思考。

"议"——由引领教师与青年教师进行互动评议，对青年教师在听课过程中产生的共性问题由引领教师作答，解决青年教师的教学疑问。

"助推式"联动教研模式的三个关键词为："仿"—"磨"—"悟"。具体说明：这一类型的教学研究模式适用于上下梯队教师的教学研究。

"仿"——由上一梯队的教师进行示范课，然后由下一梯队的教师进行"仿课"。

"磨"——在上一梯队教师的指导、下一梯队教师"仿课"的基础上一遍一遍地"磨课"。

"悟"——下一梯队教师将自己的课后感悟用说或写的形式记录并交流，不仅让经验得以物化，更得以内化。

以上案例中，每一种模式运用的三个"动词"，不但形象地表达了模式的操作过程，也很好地表明该模式操作的关键要点，而且又对每个"动词"作了相应的解释。这就让操作过程与操作要点更加明确，有助于课题研究成员理解操作过程，准确实施操作要点。

最后想说的是，在具化课题研究实践活动的操作方法与策略时，需要把握三条基本原则。

一是适度具体原则。对于操作实践，虽是越具体越有操作性，但因为一线教师的教育科学研究更多的是以行动研究为特点，所以在具化过程中，需要留给研究者一定的自主探索与创新的空间，适度地细化更能实现这样的目标。

二是针对性原则。这是研究者需要把握的基本原则。内容决定形式，课题研究选择的方法也好，图式也好，与研究内容相匹配，有效实现研究目标是前提。

三是可操作原则。研究策略并不是一般的操作流程或细节，而是具有一定结构的操作方法。在文本中时，表达需作一定的理论思辨，并有适度的提炼和结构化。可行性仍是一线教师做研究的基础，所以在具化研究策略与方法时，仍然需要考虑方法策略的可行性。

总之，有了具体研究活动的操作策略，课题研究的开展才有了保障。研究者只要在具体的研究实践中真正落实，加以尝试，相信研究活动才会有质的提升。

# "研究方案"示例

## 区块链+：整本书阅读"双区块"架构与研究课题方案[①]

### 北京师范大学南湖附属学校课题组

### 一、选题缘由

"整本书阅读"最早可追溯到近代语文单独设科以后。梁启超从民族教育发展的宏观角度提出学生应阅读整本的文言读物，胡适先生对"整本书阅读"加以明晰，叶圣陶先生则将这一思想集以大成。他认为单篇短章的课文容易使学生的视野受到限制，从而对字数多、体制长的著作望而却步，也不利于个人魄力的凝聚，"读整本的书"恰好可以弥补这一不足，让学生"心志可以专一，讨论可以彻底"，还能养成读书的习惯与能力[②]。然而，审视当下整本书阅读的现状存在以下问题。

#### （一）审视：整本书阅读实施的现状与问题

1.伪阅读：弱化整本书阅读沉淀。

碎片化阅读已然成了当下最受人追捧的阅读方式，但碎片化阅读缺少连续性、深层次的精神交流和体验，缺少人自主的阅读思维力，这样对于一个孩子的生命成长与提高无疑是有副作用的。

2.书单阅读：干扰整本书阅读生长。

在阅读发展的进程中，"书单时代"已经到来，但是时下书单缺乏科学性、逻辑性，很多拔高或降低了学生已有水平。此外，学生都是在大人推荐的书单下阅读，缺少由兴趣爱好而选择的作品。

---

[①] 此课题于2019年1月被浙江省教育科学规划领导小组办公室立项为浙江省规划课题（立项编号：2019SC095），课题负责人为北京师范大学南湖附属学校蔡惠英老师，课题组成员：王夏、鲍孝吉、孙建芬、徐雪松。选入时有删改。

[②] 王瑛.语文学科核心素养视域下的"整本书阅读"[J].南昌教育学院学报，2018（4）：34-37.

3.断层阅读：阻碍整本书阅读伸展。

课内，教师重视教材文本的学习和方法的传授，而对课外整本书阅读仅仅只是停留在推荐课外阅读书目上，并不做任何整本书阅读指导和分享，课内课外阅读没有链接，使得学生在课内学到的阅读方法不会运用到课外整本书阅读中去。

**（二）思辨：国内外整本书阅读实施的相关综述**

1.格式塔理论为"整本书阅读"提供科学基础。

"格式塔"是德文"Gestalt"一词的音译，在心理学中，这个词大都指任何一种被分离的整体，常被译为"完形心理学"。格式塔派认为，"现象的经验是一个整体，不可分解为感觉元素，因为整体不等于部分之和。任何一个整体都具有其特定的内在结构。学习就是通过认知重组把握这种结构"[①]。对照格式塔理论，整本书阅读就有了其阅读的心理学科学基础。

2.国内外举措为"整本书阅读"提供实践基础。

国内外许多学校也推出了"读整本书"的活动。如北京师范大学亚太实验学校提出"整本书阅读"课程研究；江苏海门推出新教育阅读节，一直倡导整本书阅读，并把它作为学校阅读课程的重要组成部分。美国课堂上也提出：阅读教学是围绕学生的真实性阅读展开的，组织学生读"真正的书"和"完整的书"。

然而，通过对比研究发现，很多整本书阅读的课程或活动大多只是建立在教师主导推荐读物、指导读书、评价效果上，学生自我的阅读选择、阅读爱好、阅读情感却难以表达和保护。

**（三）创新：以"双区块"并行推动整本书阅读长远发展**

基于以上分析，本课题改变以往教师占主导的阅读推进，将以生为本提到与教师指导并进的两个维度，形成整本书阅读"并轨区块"。此外，在有效指导下，学生也参与阅读推荐、阅读推进和阅读反馈；同时改变课外阅读

---

① [美]库尔特·考夫卡.格式塔心理学原理[M].李维,译.北京：北京大学出版社,2010：27.

与课内阅读相独立的两个阅读区间，将"阅读资源"+"阅读教学"+"阅读分享"三大分支科学链接，形成整本书阅读课内外"并进区块"。

## 二、课题研究相关概念的理性思考

（1）区块链+：区块链，目前普遍定义为"加密的分布式记账技术"。在区块链中，每录入一个数据，就会创建一个新区块，区块链就是由一个个彼此嵌合的区块构成。区块链+，在本课题中将区块链技术理念运用于教学中，即区块链+教学。

（2）区块链+：整本书阅读"双区块"架构。将区块链理念运用于整本书阅读中，架构出将"以生为本"+"教师指导"并进的两个维度，形成整本书阅读"并轨区块"。此外，将"阅读资源"+"阅读教学"+"阅读分享"三大分支科学链接，形成整本书阅读课内外"并进区块"，以此形成整本书阅读中的"双区块"。

## 三、研究目标

（1）通过课题研究建构整本书阅读中"以生为本"+"教师指导"并轨区块。

（2）通过课题研究创新整本书阅读中"阅读资源"+"阅读教学"+"阅读分享"并进区块。

（3）通过课题研究改革整本书阅读的机制、策略，促进学生形成更具科学性、发展性和长远性的阅读素养。

## 四、研究内容与操作实施

本课题拟通过在"并轨区块"+"并进区块"的双区块实践操作中，共同推进"区块链+"理念下学生整本书阅读素养的提升。课题总体架构与实施操作见下图。

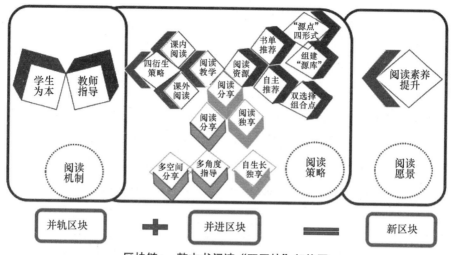

区块链+：整本书阅读"双区块"架构图

## （一）整本书阅读"双区块"架构实施路径

1.组合式推进整本书阅读"双区块"的实施模型。

整本书阅读"双区块"主要由整本书阅读中"以生为本"+"教师指导"并轨区块和整本书阅读中"阅读资源"+"阅读教学"+"阅读分享"并进区块组成（见下图）。

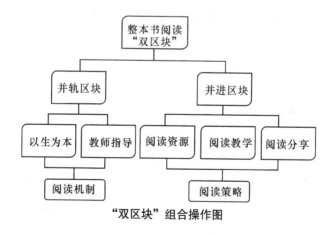

"双区块"组合操作图

2.并轨区块，思想建模。

并轨区块下设的"以生为本"+"教师指导"，旨在阅读观念的转变，将以往以"教师为中心"的阅读推荐、指导、评价转变为"以生为本,教师指导"两个维度共同推进的阅读机制。这也是本课题研究的思想路径。

3.并进区块,策略建模。

并进区块下设的"阅读资源"+"阅读教学"+"阅读分享",由阅读选择中的"书单推荐"与"自主推荐"、阅读教学中的"课内阅读"与"课外阅读"、阅读评价中的"阅读分享"与"阅读独享"组合接力进行,由此形成本课题阅读策略操作路径(见下图)。

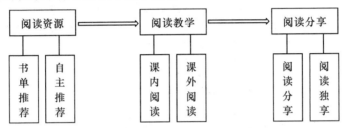

"并进区块"阅读策略操作图

### (二)整本书阅读"区块链+"模式的创设与建构

1.创新区块资源库,构建"书单推荐"与"自主推荐"组合式阅读书目体系。

(1)创新"书单推荐"切入点——以课内文本为"源点"推荐课外读物。

本课题打破以往网络上各类以个人爱好出发的"书单推荐"为目的,提出主要以教材文本为"源点",根据教材中节选的经典著作、名家名篇的原著和原文作为"书单阅读"推荐的书目,并以四个形式展示操作。

形式一:一课一文。由挑选出的教材文本"源"为起点,推荐由作者辐射出同题材的阅读文本,形成学一课带一文。

形式二:一课一本。由挑选出的教材文本"源"为起点,溯源到"源"所在的原著作品进行推荐,形成学一课读一本。

形式三:一课多本。由挑选出的教材文本"源"为起点,寻找到与"源"题材相关的课外读物进行推荐,形成学习一课带动读多本的形式。

形式四:多课一本。人教版小学语文是以同一单元主题为内容编写的,部分单元的课文属于同一语言形式,寻找到这样一种特殊的文本为"源",

再归到"源"的所属题材读物,形成学习多课读一本的形式。

(2)创新"书单推荐"书目库——形成课外阅读"源库"。

根据课内阅读"源点"的四形式推荐课外阅读书目,以此建立一套科学的、完整的、合理的课外阅读"源库"。

(3)创新"自主推荐"双选择——组合式推进课外阅读。

自由选择,自主阅读。学生可以根据自己的爱好和成长需求,自由选择书籍。

同伴推荐,互相共享。在学生自由选择读物的基础上,加入同伴推荐书籍设置,弥补个别选择书籍盲目性和不适合性的不足。

2.链接区块组织,促就"课内阅读"到"课外阅读"相长式阅读活动设计。

本课题在"教师指导"思想路径中,以教材文本为原点推荐课外整本书。那么,如何实现"课内阅读"到"课外阅读"的过渡,需要一个中间桥梁。为此,本课题在这个部分将采取由"课内文本"引出学习"课外文本",再由"课外文本"激发学生阅读"整本书",促成从一篇阅读到整本阅读的过渡(见下图)。

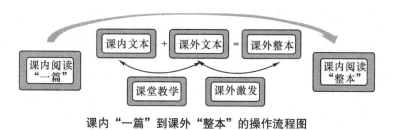

课内"一篇"到课外"整本"的操作流程图

(1)"课内文本"+"课外文本"融合教学活动设计。

"课外文本"内容选择来源。"课外文本"内容即课外引入的文章。本课题从体裁、人物、观点、作者四方面选择课外内容。

"课内文本"+"课外文本"教学活动设计。在内容选择的基础上,根据"课内文本"的特点结合"课外文本"的教学核心目标匹配教学活动设计,开展"四衍生"阅读策略。

体裁衍生。根据"课内文本"的文体特色,由体裁的异同派生出一类文章。体裁的异同在语言表达特色方面有着不一样的呈现和成果,势必会让学生更深一步地感受语言魅力。

人物衍生。根据"课内文本"中的人物特点,从课外引入与之相同或不同人物的文章,进行人物特色的比较学习。

观点衍生。每一篇课文都呈现作者的一个观点,但是对于观点的诠释却有着作者独有的思考角度和表现特色,在观点的同与不同中感受选材特点、角度立意、文本语言。

作者衍生。根据"课内文本"学习中文本作者为中心,派生出一组同一作者的不同题材文章,或者不同作者的同一题材文章,旨在以作者为中心,拓展学生的阅读知识面。

(2)"课外文本"促"课外整本"多元选择阅读通道。

在"课内文本"和"课外文本"融合教学后,相信学生对课外文本及其引出的"整本书"的兴趣业已被激起,教师可以顺势推荐学生阅读与课内阅读有关联或者是文章的原著作品。

3.奖励区块效能,实施"阅读分享"和"阅读独享"双轨式阅读评价机制。

新语文课程标准强调外在的学习结果固然重要,但学习品质更是重中之重。因此,教师在评价时要注意以"过程评价为主,终端评价为辅"。具体而言:在整本书阅读教学中,教师要及时通过开展读书交流会等多种活动对学生阅读的进展情况等有所了解,调整教学策略以获得最优化的教学效果。[①]

基于前期对整本书"双区块"教学活动的层层设计与推进,在评价部分采取奖励效能,实施"阅读分享"和"阅读独享"双轨式阅读评价机制。

1.创设多种分享阅读展示评价方式,以"比特币"奖励阅读优秀者。

(1)"时间"+"体式"+"方法"多角度进行整本书阅读指导活动。

本课题打破以往阅读课只分阶段进行指导的模式,而是从多角度、多方位推进,如按时间进行阅读指导、按体式进行指导、按方法进行指导,在活动中引入奖励机制,以激发学生的阅读兴趣和阅读持久力(见下图)。

---

[①] 管然荣.整本书阅读教学的"冷"思考[J].语文建设,2017(4):69.

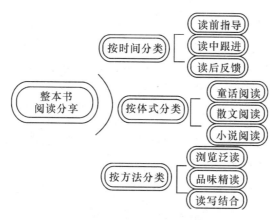

**阅读分享多角度实践操作图**

（2）"学校"+"家庭"+"社会"多空间进行整本书阅读分享活动。

在分享活动中，发挥多渠道力量。在学校，开展各类读书分享会、读书笔记展示会等活动；在家里，开设多样的亲子阅读活动；在社会，将走进图书馆、名家进校园、图书签售会等一系列有吸引力的阅读期待纳入整本书阅读分享。同时，引入奖励机制，模拟"区块链"奖励"比特币"的催生机制，做到以"活动"促生"活力"。

2.呵护个体"独享"阅读内在精神成长，以"自生长"提升阅读效果。

在学生的整本书阅读中，由于个体之间成长环境、成长速度和成长感悟不同，老师要呵护这一份不一样，让学生在成长中有属于自己的空间。有些学生喜欢独立阅读，那就让他静静地体验这份美好；有些学生阅读后喜欢写点小笔记，那就让他静静地守护着这份美好。有时候，"独享"会成长出一份真正属于自己的精神食粮，教师要做的，就是——呵护。

## 五、预期成果

阅读整本书对学生的注意力、分析力、思考力等都提出极大的挑战，不仅可以锻炼学生的阅读能力和意志，也培养了他们良好的阅读习惯。[1]经过研究，本课题的预期成果如下。

---

[1] 黄春香.儿童整本书阅读过程初探［J］.名师在线，2018（22）：12-13.

①课外阅读书目库建设。

建立"以生为本"的"自主推荐"书目推荐资源和从教材文本出发推荐原著或作品的"书单推荐"资源,形成一个集科学性和开放性一体的课外阅读书目库。

②整本书教学模式构建。

实践层面:实现40分钟内"课内文本"+"课外文本"教学的有机融合,稳固形成四种教学模式,并逐步促成从"一篇"到"整本"的阅读过渡。

理论层面:撰写《区块链+:突破传统课外阅读指导模式思考》《整本书阅读"双区块"架构路径设计与思考》等论文。

③整本书阅读评价机制建设。

就"整本书阅读"建立一个双轨评价反馈机制,旨在日常指导中促进学生阅读能力、阅读意志、阅读习惯与阅读素养的长期长远发展。

## 六、课题准备(略)

# 第三章

# 研究过程实施

过程质量是成果质量的基本保证。
扎实的研究实践,既是课题研究取得预期成效的关键,也是教师专业成长的"捷径"。
——"我的研究感悟"

# 问题17：怎样理解课题研究实践活动与日常教学活动的关系？

虽然一线教师进行的教育科学研究以质性研究为主，但课题研究方案同样具有一般研究方案的特点，它只是研究课题的预期设想，只是停留于假设层面。这样的假设是否可行、有效，还需要通过实践活动加以验证、检验。同时，因为一线教师是教育教学活动的实践者，他们不能像专业教育科学研究者那样做纯理论研究，而是需要基于日常的教育教学活动开展相应的课题研究，所以一线教师的课题研究活动离不开日常教育教学活动的支撑。

## 一、课题研究实践活动与日常教育教学活动的联系

这其实很好理解，因为一线教师的课题选题，无论是来自热点，还是来自理论学习，均需要结合教育教学实践展开研究，更不用说本身就源于教育教学实践的研究课题。可以说，对于一线教师来说，研究实践活动一定是日常教育教学活动的重要组成部分。具体有以下两种表现形式。

（一）基本的教育教学工作通过课题研究实践活动落地

这种形式一般发生在"新增内容"或"新的要求"之下。如一位教师主持的省级课题"基于新版课标的小学英语语音教学实践研究"（2013年浙江省教研课题，立项编号：13B127）[①]。这位教师之所以要研究这个课题，是因为2011年教育部出台修订版《义务教育英语课程标准（2011年版）》之后，原来使用的PEP英语教材同样进行了修订，每个学期增加了6节独立的语音

---

① 本课题负责人为浙江省嘉兴市实验小学李树老师。

教学内容。这是新增内容，对一线英语教师来说，缺少相应的教学经验，于是他便带着研究的思维去探索相应的教学策略。这样的过程，体现的就是"边实践，边研究，边总结，边应用"的行动研究特点。这样的研究过程，对于参加课题研究的英语老师的整体教学而言，虽然不是全部，但对于要完成的语音教学任务却是。研究的过程，就是小学英语语音教学实践的过程。

如同这样的课题，其实在一线教师的工作中是比较普遍的。比如因为上级业务部门以文件形式出台了"深化课程改革的实施意见"，提出了开好"基础性课程与拓展性课程"两类课程的要求，于是许多学校、教师在实践时对"拓展性课程"采用课题引领、摸索实践的方式进行落地，这样的研究就是拓展性课程实践中的重要组成部分。

（二）课题研究实践活动作为日常教育教学活动的一部分

当一线教师的研究课题是基于教育教学实践活动中某个问题的解决时，其研究过程同样不应该脱离教育教学活动本身，而是需要找到教育教学活动中与研究课题相关的部分重新设计，然后回归到日常教育教学活动中实验。一线教师选取的研究课题，一般都属于这种。

如一位校长主持的省级课题"小学德育案例教育校本化研究"，这是她基于学校德育工作实践中产生的问题而选取的研究课题，以"德育案例"的生成与解读引导学生"知、情、意、行"的养成过程，这是学校推进德育改革的重要举措，显然也是学校德育活动的重要组成部分。再如一位幼儿园业务园长主持的省级课题"'六顶思考帽'在幼儿园听评课活动中的运用研究"，借助"思考帽"创新"听评课活动"是幼儿园校本研修方式改革的重要举措。其探索的过程一定是学校校本研修活动的重要方式。而对于一线教师主持的以教学改进为目标的研究课题，更是与教师日常教育教学活动联系紧密、互为支持。

## 二、课题研究实践活动与日常教育教学活动的区别

对于一线教师而言，日常教育教学活动是以结合一定课程内容的完成，

帮助学生习得知识、提升能力、发展素养为目的的教与学（或育）的过程。课题研究则是以问题解决为目的、实现教育教学更为有效性的过程。相对于日常教育教学活动，课题研究更具有"主动寻求根本性原因与更高可靠性依据"的特性，是"有计划与有系统地收集资料、作出分析和解释的方法，从而获得解决问题的过程"。因此，课题研究实践活动虽然应该成为日常教育教学活动的重要组成部分，但它最基本的特征是研究，需要突出"研究味儿"。

（一）有围绕主题的假设

课题研究实践活动的"计划"，更多的是指有明确的主题，活动的整个过程需要围绕主题设计，作出假设，然后通过实践去检验假设是否成立。

比如省级课题"新媒体支持下的初中语文作业创新实践探究"（2017年浙江省规划课题，立项编号：2017SC096）[1]，其研究的核心内容是"借助新媒体的初中语文作业创新"，因此课题研究的实践活动需要对"依托新媒体支持的语文作业创新路径或策略"作出假设，可以从"某种新媒体的功能利于某类语文作业的创新"角度提出假设，也可以从"某种语文作业的创新方式需要有某种新媒体作支持"的角度提出假设。这也应该是课题研究实践活动的起点。

（二）有依据假设的分析

因为是研究，所以需要有思考与分析。针对研究实践活动的思考与分析是课题研究实践活动必不可少的部分。从工作层面来认识日常的教育教学活动，对教师的反思一般不作太高的要求，有时甚至没有必要。但对于课题研究而言，对研究实践活动的反思则是必需的，且有分析与思考的要求。其中，最为关键的是针对假设进行深入分析与思考。

如省级课题"新媒体支持下的初中语文作业创新实践探究"，因为课题目标是研究"新媒体在初中语文作业的创新"中的支持作用与操作方法策略，于是需要对前文提出的假设进行分析，可以是方法层面的，也可以是技

---

[1] 本课题负责人为北京师范大学南湖附属学校林云娣老师。

术层面的,并对假设的可行与否作出必要的判断。

基于研究假设进行思考与分析,对以"课堂教学问题解决"为选题的微型研究课题来说,则更为典型。如"小学数学课堂教学中挑战性任务设计研究",一般需要在"挑战性"任务设计、运用与学生数学学习能力、学习素养发展间寻找联系,提出相应的假设,然后通过研究实践活动进行检验,作出判断。

### (三)有规律提炼的需要

对于一线教师而言,课题研究的根本目的在于解决问题。但教育科学研究的目标中,还包含了规律的提炼、策略的总结。因此,一线教师的课题研究客观上同样具备这样的特质,也有现实的意义。因为一线教师的研究能够从"个"的研究上升到"类"的归纳,对其教育教学能力的提升与相关实践问题的解决有着重要的意义,能够让研究成果为同伴所用。

如一位教师主持的省级课题"运用几何直观培养小学生解决问题能力的实践研究",其研究实践活动会结合一些具体的教学内容展开,并在此基础上对所运用的方法策略作出一定的分析与提炼,尝试得到一些普遍性的规律。这些规律无疑对其进一步深入研究有着重要的作用。比如,他在以"归一问题"为内容的课堂实践后,通过思考梳理出"突出'用'"的一些方法策略,接着可以在"归总问题"为内容的课堂上进一步实践、检验,以获得更多的实践支撑。这就是一般课题研究实践活动的基本过程,也是区别于一般的教育教学活动的重要方面。

### (四)有过程资料的物化

研究资料的收集是课题研究过程的基本内容。研究成果的获得,需要有扎实的过程,还需要有丰富的实践资料作支撑。及时地收集研究资料,才会有可分析的材料。

在一线教师的课题研究实践中,有活动展开的工具,如活动设计表、观察分析量表等;有实践过程的记录,如文字记录、音频、视频等;当然,还有及时反思的材料,如有效的策略技术、问题归并、策略提炼等。这些资料的物化，相对于日常教育教学活动，具体得多，丰富得多，也聚焦得多。

　　从以上课题研究活动要求来看，它显然比日常教育教学活动的专业要求高。因此，与日常教育教学活动的一般实践相比，课题研究实践活动更有利于促进一线教师的专业发展，提升教育教学实践水平。这也是倡导一线教师做课题研究的主要原因之一。

# 问题18：如何做好立项课题的开题论证？

所谓开题论证，是指一个课题在进入实践研究之前，对研究计划或方案作进一步的深入讨论与交流，分析研究课题的选题意义与价值，论证研究课题内容与路径之间的逻辑性，探讨研究课题实践路径的可行性。这也是课题研究扎实、严谨的体现，也能让课题主持人进一步明确研究方向与研究过程，有效保证研究质量。因此，开题论证一般是立项课题深入研究必不可少的环节。

对于一线教师来说，立项课题的开题论证方式也可以是各不相同的，一般结合自身实际，可以是向教科研专家作个别的咨询，也可以是由教科研专家参与的集体讨论。至于个别咨询的开题论证，可以是开放式的面对面交流，也可以是书面形式的询问与答疑。本节主要阐述由科研专家参与的"集体讨论式"开题论证，分别从开题论证的准备、开题论证的过程与开题论证后的跟进三个方面作介绍。

## 一、开题论证的准备

对一个课题作开题论证，主要从两个方面做好论证前的准备：一是整理开题论证报告，二是聘请适合的论证专家。

### （一）整理开题论证报告

开题论证报告是在课题研究方案的基础上整理撰写而成，与课题研究方案既有联系，又有一定的区别。

先说联系。开题论证报告的内容基本以课题研究方案为依据，有对方案内容作整体呈现的要求，如研究意义的说明、研究核心内容的交代、研究策略路径的呈现等。这些内容都应该在开题论证报告中加以阐述，以让参与论证的每个成员都能够了解。可以说，开题论证是在课题研究方案基础上对课题可行性作进一步探讨明晰的过程。

再说区别。一是功能不同，申报的课题研究方案的作用重在获得课题评审专家的认同，因此重在说清课题研究的价值，说明研究的过程；开题论证报告面对的是论证专家，因此重在有利于专家给课题研究的意义、价值及研究过程进行诊断性评析，让课题研究实践真正得以落实。二是格式不同，不同级别课题的研究方案有不同的格式要求（第一章已有阐述，这里不再累述），开题论证报告除了有与研究报告相同的"选题缘由""内容及策略"两块主要内容之外，还需要说明"课题价值""研究条件""结果预测"等。有专家将其整理成以下六个板块：1.选题目的；2.课题价值；3.研究条件；4研究方案；5.过程分析；6.结果预测。[①]

### （二）邀请开题论证专家

"集体讨论式"开题论证，当然需要有论证专家的参与。那么，一个课题一般需要邀请几位专家？又需要邀请怎样的论证专家呢？这虽然没有硬性规定，但也有一般的规律。

关于开题论证专家的人数，一般以3～5人为宜。参加开题论证的人数太少，会造成思维相对单一，不利于拓展思路，问题讨论得不到展开；人数过多，也会使讨论过程拉长，有时很难做到聚焦，反而使论证效果欠佳。当然，这里还涉及论证的成本与经费问题。人数过多，成本相对高一些。

关于开题论证专家的结构组成。首先，从资格层面，一般需要有比较丰富的课题研究经验，职称在副高级以上为妥。其次，人员的构成，一则需要对本课题研究领域较为了解的科研专家，二则需要对本课题研究领域有着较为丰富的实践经验的"反思性的实践家"。[②]如若对课题"小学语文教学中关键性内容的设计与实效研究"作开题论证，一般可邀请对关键性内容有一定

---

[①] 李冲锋.教师如何做课题［M］.上海：华东师范大学出版社，2013：110.
[②] 成尚荣.名师基质［M］.上海：华东师范大学出版社，2018：94.

思考或研究经验的专家，最好是在小学语文教学实践层面有着丰富经验的专家老师。唯有邀请对本课题研究领域较为熟悉的专家，他们才能提出有针对性、有价值且专业的意见或建议，从而对课题研究实践给予积极的指导。

除了以上两方面的基本准备工作之外，在开题论证前，还需要确定好开题论证的时间和地点，并对开题论证的场所进行一定的布置，以便营造良好的论证氛围，让开题论证具有一定的仪式感，为有效论证提供保障。

## 二、开题论证的过程

一次完整的"集体讨论式"开题论证活动，除了将印制好的开题论证报告发放给每位参与论证的人员，介绍出席论证会的论证专家、课题组人员及简要地说明论证目的外，基本流程主要由以下两项工作组成。

（一）课题组汇报开题报告

课题组汇报开题论证报告是开题论证活动的重要工作，一般由课题负责人或课题组成员代表来完成。一般需要在会前做好PPT，以保证现场每位成员都能比较清晰地听到介绍人的介绍。如果每位参与论证的成员手中有开题论证报告，课题组的介绍可不再重复报告的所有内容，只抓住重点问题展开作说明。

（二）集体展开评议交流

课题组汇报开题报告后，论证活动进入集体讨论评议环节。这个环节一般由论证专家提出问题、课题组答辩和专家提出建议、课题组判断等形式组成，重点围绕三方面的内容展开。

一是价值思辨，即对课题的研究价值再思考。因为一线教师更多的是着眼于教育教学实践中存在的问题提出课题，论证专家会从更高位帮助一线教师从理论层面或政策层面对课题研究内容进行再思考，引发课题组成员从不同的角度思考问题，以不同的思维对研究课题作出价值判断，有利于进一步挖掘课题的研究意义。

二是过程剖析，即对课题的研究方法、策略再思辨。一个研究课题，从选题到研究实践活动的落实，涉及的因素是多方面的，研究方法或研究路径的可行性是相当重要的因素，所以课题组成员需要与论证专家作比较深入的探讨，以利于课题研究实践活动的有效展开。如课题"小学语文教学中关键性内容的设计与实效研究"中，关于"一节语文课中的关键性内容的定位策略""明确关键性内容之后的教学如何设计""如何把握好关键性内容与教学活动推进间的关系"等问题的讨论评议，是过程论证的重要内容。

三是效果预测，即对课题研究成效作出初步的假设与判断。这也是课题研究是否可行的重要体现。在课题论证中，能够对研究课题的效果作出讨论，让课题组的研究实践更有方向，更有利于研究者有目的、扎实地开展研究活动。

由上可知，经过"集体讨论式"的开题论证，能够促使课题研究者更加明晰课题研究价值，清楚课题研究的内容与过程，有利于研究者明确研究目标及其方向的意义。

## 三、开题论证后的跟进

开题论证的目的是讨论与评议，所以在论证过程中可能会有多种观点（甚至是完全不同的观点）的碰撞，这就需要课题组成员作出深入的分析与准确的判断。然后在此基础上，调整原有的课题研究方案，以保证课题研究实践活动得以落实。具体体现在两个层面。

一是及时修改调整课题研究方案。特别是对"选题意义"的高位思辨、"课题核心概念"的进一步厘清、"研究路径"的可行性思考、"研究效果"的适当定位等。

二是进一步制订课题研究计划。这也是一线教师相对薄弱的领域。事实上，这是保障课题研究实践得以落实的基础。有无研究计划，对研究课题来说，还是有区别的。课题研究计划的主要内容一般包括课题组成员的分工与对后续研究实践时间表的执行等。

# 问题19：如何有效实施课题研究实践活动？

课题研究中，过程质量是成果质量的有效保证。作为课题研究过程重要部分的实践活动，需要研究者扎实而有效地开展。一线教师的课题研究实践活动可以分为两类：一类以理论学习、方法明晰为目的，可称之为"学习—领会"活动；还有一类以实践尝试、分析数据为目的，可称之为"实践—反思"活动。相对而言，前一类侧重于"学习接纳"，采用的方式以共读、体悟为主，在课题研究前期组织次数较多；后一类侧重于"行为跟进"，采用的方式以操作、研讨为主，可贯穿在整个研究过程。

## 一、"学习—领会"活动的设计与组织

作为规划类研究课题，一般有多人参与。因此，在课题研究的开始阶段，需要将课题组成员集中起来，针对课题研究内容进行学习、讨论、交流，目的是使全体研究者领会课题研究的意图，为深度参与课题研究作准备。实践中，"学习—领会"活动主要有方案解读与理论学习两类。

（一）方案解读类：交流研究内容，明晰研究思路

在一线教师的课题研究中，从选题到方案制订，一般由课题负责人或方案执笔人单独或极少数人参与。课题组成员只会在开题论证时见到方案。因此，方案解读类的"学习—领会"活动对于规划课题的实施研究显得很有必要。

从内容角度来看，方案解读类的"学习—领会"活动，重点围绕课题研究的价值与意义思辨，讨论课题核心研究内容或概念界定是否恰当，思考研

究路径与策略是否合理,等等。

从过程组织来看,一般分为学习前、学习中和学习后三个阶段。集中学习前,给每位参与课题研究的人员提供一份课题研究方案,请他们提前学习,以了解课题研究的相关主题与内容;集中学习中,课题负责人从整体上介绍选题来源与课题研究的主要内容、研究路径与策略等,特别就课题的选题价值、核心概念与研究策略作深入细致的说明,课题组成员则要初步理解与把握课题研究的核心内容,提出自己的困惑与建议,负责人则给出自己的解答,与全体成员商讨、交流;集中学习后,由课题负责人或方案执笔人结合讨论意见,对研究方案作一定的调整、修改,形成更为完善的研究方案,再次反馈给每位课题组成员。

从活动成效来看,方案解读类活动一般以全体课题组成员了解课题研究的主要内容、形成更为完善的研究方案为观照点。

(二)理论学习类:学习相关理论,指导研究实践

教育科学研究是一种理论指导下的实践研究。一线教师做课题研究,同样需要一定的理论作指导,有依据地解释研究过程,解读研究数据。因此,一线教师在课题研究过程中,组织一些理论学习类的"学习—领会"活动同样重要。

如一位教师主持的"合作型家庭成长联盟建设研究"[1]课题,因为研究的核心内容"合作型家庭成长联盟"是一个相对比较新的概念,且是借鉴居里夫人提出的"教育合作计划"的相关理念,因此,在全体参与课题研究成员开展实践研究时,需要对居里夫人的"教育合作计划"有比较深入的了解,也需要对"合作型家庭成长联盟"的特质内涵有深刻的领会。这样的要求,仅仅依靠课题方案中的寥寥数语是不够的,还需要有一定的学习材料作支持,比较深入地学习与交流。

又如一位教师想研究"基于'数学基本活动经验'小学数学活动设计与教学研究"这样一个课题,因为研究的核心内容中有关于"数学基本活动经验"这一当时的新词与热词,于是在课题研讨活动开始时需要组织全体课题

---

[1] 本课题负责人为浙江省嘉兴市实验小学向婕副校长。

组成员进行相应的理论学习。

活动提供的学习材料如下：①
（1）数学基本活动经验及其教学策略研究（胡安波，2010年6月）。
（2）关注数学基本活动经验（张天孝，2009年3月）。
（3）数学基本活动经验的特征分析（李长会、吴立宝，2009年8月）
（4）"四基"十年数学课程改革最重要的收获（孙晓天，2011年7月）。
在全体成员学习材料的基础上，提出需要思考的三个问题：
（1）通过理论学习，你对"数学基本活动经验"有了哪些认识？它与其他"三基"有怎样的关系？
（2）你认为"数学基本活动经验"除了动手操作等显性的活动经验以外，还包括哪些方面？请举例说明。
（3）根据你对"数学基本活动经验"的理解，请选择一个教学内容，谈谈在这一内容中学生的基本活动经验具体体现在哪些方面？教学中应设计怎样的活动来落实基本活动经验层面的目标？

从实际的活动效果来看，因为有了以上理论学习，参与研究的课题组成员对"数学基本活动经验"有了较为深刻的认识，在后续设计教学、组织教学的研究行动中，对研究路径设计与策略的选择更有针对性。

事实上，以理论学习为目的的"学习—领会"活动的组织，基于理论指导开展课题研究更有必要。如比较常见的选题"'学为中心'的××课堂教学实践研究"中对"学为中心"的内涵与特征的解读与理解，对于"基于STEAM教育理念下的××研究与实践"中的"STEAM教育理念"的学习与理解。唯有全体课题组成员对这些特定指概念有了比较充分的理解，后续的课题研究实践活动才有落实的可能。

---

① 胡慧良，费岭峰.依托导研工具提升教研质量——一次以"导研稿"为载体的数学教学研讨活动的实践与思考［J］.中小学教师培训，2013（9）：48-51.

## 二、"实践—反思"活动的设计与组织

所谓"实践—反思",即在过程中,有行动设计与实施的过程,也有对行为所带来结果的思考与分析。一线教师做课题研究的基本方式是行动研究,即边实践、边思考、边总结。因此,"实践—反思"活动在一线教师的课题研究中有着广泛的运用。课题研究过程中,一次有效的"实践—反思"活动,需要考虑四个方面。

(1)每位参与活动的人员对活动的目标与要求是清晰的。

(2)每位参与活动的人员在活动过程中都有相应的任务,都有事情可做、有话可说。

(3)每位参与活动的人员都能对过程中产生的现象或数据做好记录,进行收集汇总。

(4)每次活动后,能够从数据出发,分析提炼规律,为后续总结成果提供支持。

实践中,我们可将"实践—反思"类课题研究实践活动分为两类:一类是落实在平时,贯穿课题研究整个过程的围绕小主题的"实践—反思";另一类则相对固定,针对某个阶段研究工作的"实践—反思"。

先谈贯穿课题研究整个过程的主题式"实践—反思"活动。由于是实施课题研究的基本研究活动,我们有时需要通过设计一些工具来保障研究工作的常态化实施。比如一位幼儿园园长主持的省级课题"创新幼儿园主题活动教学管理的实践与研究",在研究教师"教案执行力"评价时,便设计了教学材料、教学流程、教学问题、教学语言等系列观察表[1],对教案设计时期望实现的效果与课堂现场状况作对比观察,从而给予适当的评价。

---

[1] 屠建芬.幼儿园主题活动教学动态评价的实践与思考[J].幼儿教育(教育教学研究专刊),2015(6):15-16.

**2013学年教案执行力考评"教学材料使用"观察记录表**

| 考评点 | 观察点 | 预设状态 | 现场效果记录 | 简单评价 |
|---|---|---|---|---|
| 教学材料使用 | 1.教学材料的选择与教学目标的匹配性<br>2.教学材料呈现时机<br>3.操作材料使用的策略选择 | （一）导入部分预设状态：激发兴趣、启发思考<br>（二）主体部分预设状态：层次分明、张弛有度<br>（三）延伸部分预设状态：生成新疑、任务外延 | | |
| 总体评价 | 档次（　　）<br>理由： | | | |

这是一种分项评价的设计，有对现场状况的记录和初评，还有总体评价和理由说明。这样的观察记录表，一则利于记录，二则也有利于教师自我分析、反思与调整。

针对某个阶段研究工作的"实践—反思"活动，主要指类似于课题中期交流或阶段性成果梳理时的研究实践活动。此时，对"实践"的回顾就是针对某个阶段研究工作的整理与回顾，反思也是着眼于阶段研究的。活动中，同样可以设计一些问题引导全体课题组成员深入思考。比如针对课题"基于有效教学理念下的问诊式课堂实践研究"的讨论交流设计了如下三个问题。[1]

（1）结合课题研究的阐述，你觉得课题组对核心概念的认识（界定）是否清晰？

（2）在对课堂问诊时，课题组确定的内容和观察点是否匹配？操作过程合理吗？

（3）课题组对已进行的实践活动的分析是否准确、恰当？

三个问题的思考与讨论，有着相应的价值。问题（1）是关于"核心概念界定"的再思考；问题（2）则是关于"研究策略提炼"的；问题（3）是对课题组进行的研究实践活动作必要的分析，为后续提炼成果服务的。

综上所述，无论是哪一种"实践—反思"类活动，均需要相应的活动支架，以保障活动的有效推进。

---

[1] 费岭峰.导研：如何"导"才有"效"？[J].教学月刊（小学综合版），2011（12）：9-11.

# 问题20：如何引导课题组成员深度参与研究？

课题研究要有实效，离不开全体课题组成员的共同参与。如果一个课题研究的所有成员都能深度参与、积极思考，这样的课题一般能取得比较好的研究效果。然而，在一线教育科研工作中普遍存在一种现象：某个规划课题虽然申报时参与者不少，但在实施过程中，许多成员参与积极性不高，有些甚至只是挂个名而已。造成这种现象的原因当然是多方面的，但与课题负责人在研究活动的组织策划上缺少方法不无关系。针对这一问题，本节从课题组负责人组织策划任务的角度，介绍几种引导课题组成员深度参与研究的做法。

## 一、用工具引导

课题研究活动中，要使参与课题研究的人员深度参与，采用一定的研究工具，使参与者自觉卷入，不失为一种简单而有效的办法。如观察记录表、活动登记表、数据分析表等，均是相当有效的研究工具。

如在省级课题"小学数学活动教学研究"的研究过程中，为了让课题组成员参与研究时能够有针对性地观察，记录课堂中与研究主题相关的内容，我们设计了一个在课堂上观察记录数学活动开展过程的记录表（如下）。

**小学数学活动观察记录表**

| 数学活动名称 | | | |
|---|---|---|---|
| 活动目的 | | 活动类型 | |
| 活动过程 | | | |
| 活动效果 | | 改进建议 | |

数学活动观察记录表中，不但有对活动过程的观察记录，还有对活动目的的思考，对活动类型（主要是指经历型、体验型、探索型与创生型等的分类）的判断、活动效果的分析，以及数学活动的改进建议等。这些内容的记录需要参与研究者对相关数学活动有比较深入的思考，也能有效引导研究者深度参与到课题研究的过程中来。这样的参与研究过程，不仅有效提升了教师的研究力，还会对其提升课堂教学设计水平有帮助，有助于教师获得更好的专业发展。

再如以研究"试题命制与应用"为主要内容的课题，为了引导课题组成员更好地把握试题命制的要点，可编制"试题卡"（如下表），请课题组成员按照"试题卡"要求设计试题，编制相关试题的"身份证"。

**试题卡范本**[①]

| 题　目 | | |
|---|---|---|
| 试题来源 | 教材原题（　）；教材改编（　）；自编（　） | |
| 试题满分 | 估计难度 | |
| 正确答案 | 可能出现的典型错误及原因 | |
| 考查知识点 | 考查能力点 | |

有了以上"试题卡"，参与"试题命制与应用"研究课题的教师，需要对入编试题做相关因素的说明与分析，自然需要积极思考、深入分析。如果在后续研究中再增加如"讨论后的改进要点""检测后的数据分析及改进思考"等内容，会让参与研究者有更加深入的思考，也更有利于提高参与者的试题研发能力。

当然，研究工具的设计不宜过于复杂，只要能够体现研究内容的特点，有效记录研究活动过程，有利于参与者卷入课题研究过程，实现有思考的参与即可。

---

① 斯苗儿,俞正强.浙江省中小学学科教学建议案例解读[M].杭州:浙江教育出版社,2014:172.

## 二、有计划地参与

一个课题组，就是一个专业成长共同体。而课题研究不是一个短期项目，除了一个个零散的研究活动外，还需要有一个较长期的研究工作规划。因此，为了引导课题组成员深度参与研究工作，将课题组成员纳入研究计划是不可或缺的。唯有让课题组成员承担相应的研究工作，参与研究实践活动，深度体味课题研究的内容，才能深度参与研究活动。

如一位幼儿园园长主持的省级课题"创新幼儿园主题活动教学管理的实践与研究"，其在研究过程中制订了某个学期的研究工作计划（如下表）。

2013学年第一学期教研组主题活动研讨主题表

| 教研组 | 主题活动系列化设计点 | 研讨时间 |
| --- | --- | --- |
| 小班教研组 | 教师的课堂教学语言设计研讨 | 9—10月 |
| | 主题活动材料选择与使用的设计研讨 | 11—12月 |
| 中班教研组 | 主题活动材料选择与使用的设计研讨 | 9—10月 |
| | 教师的课堂教学流程设计研讨 | 11—12月 |
| 大班教研组 | 教师的课堂教学流程设计研讨 | 9—10月 |
| | 主题活动教学问题设计研讨 | 11—12月 |
| 特色教研组 | 特色课程教学中特色点设计研讨 | 9—12月 |

从课题研究过程来看，这是一份课题研究的工作任务表，即明确在某个时间段，参与研究的成员需要完成哪些研究工作。有了以上研究实践活动的安排，参与该课题研究的成员就能够结合以上要求，设计相应的主题教学活动，组织成员观察，从而积累第一手研究资料，为总结提炼研究成果打下基础。如同这样的计划安排，也是比较常用的方式。

还有一些研究实践的计划中会将理论学习、实践及问题探讨等活动作相应人员与内容的分工，这更有利于课题组成员深度参与到研究过程中来。需要强调的是，有了计划一定要严格执行，否则便形同虚设。

## 三、子课题认领

以子课题研究的方式参与课题研究，是一种引导课题组成员深度参与课题研究的很好的方法。所谓子课题，是指围绕主课题，在细化研究内容的基础上，根据内容间的逻辑关系，进一步分解研究内容后形成的小课题。因此，子课题一般是主课题的一部分，或是主课题在某个方面的深度延伸。

如浙江省温州林乐珍老师主持的"基于'助学稿'的小学语文'学习设计'"这一课题，在推广应用研究阶段形成了如下"子课题群"：[①]

（1）关注目标层级聚焦的"助学稿"设计的深化研究；

（2）基于学生阅读期待分析的"助学稿"设计的深化研究；

（3）不同类型"助学稿"的深入开发与应用的实践研究；

（4）立足文体视野的"助学稿"设计的深入研究；

（5）说明文的"助学稿"设计的实践研究；

（6）童话文体的"助学稿"设计的实践研究；

（7）儿童诗的"助学稿"设计的实践研究；

（8）散文的"助学稿"设计的实践研究。

以上子课题的研究内容，第（1）到第（4）项更多地着眼于前期研究的深化，应该属于纵向递进式设置；第（5）到第（8）项，则是在不同文体中的多向度研究，应该属于横向并列式设置。这些子课题都比较适合于课题组成员认领作深入研究。当然，我们还可以从"助学稿"的形式上设置相应的子课题，如：

（1）阶梯式"助学稿"设计的实践研究；

（2）嵌入式"助学稿"设计的实践研究；

（3）整合式"助学稿"设计的实践研究。

……

这些子课题同样适合同一课题组成员去认领、研究，有利于研究者深度

---

[①] 林乐珍.基于"助学稿"的小学语文"学习设计"[M].上海：华东师范大学出版社，2016：9-15.

参与这一课题的研究。

## 四、阶段性分享

所谓分享，需要分享者对介绍的内容有一定的感悟，或者较深入的思考，同时为了让受众能更充分地理解，分享者在展示时一般还会作一定的梳理，形成一定的结构。这些实践体验过程，均有利于促进课题研究者对研究问题进行深度思考。因此，阶段性分享也是一种引导课题组成员深度参与研究的有效方法。

对于课题研究而言，参与研究的教师一般需要作怎样的阶段性分享呢？

首先，从分享内容来说，参与研究的教师可分享对研究主题的理解，也可分享某次研究活动的实践体悟，还可以分享对某个问题的思考。其次，从分享形式来说，参与研究的教师可以论文的形式呈现自己的观点，也可以课例实践的体悟来展示自己的经验，还可以通过视频的形式呈现自己的实践场景，甚至以阶段性成果报告的方式展现较完整的子课题研究成果。

在阶段性分享的组织方面，分享时最好全体课题组成员都参与，便于组内成员对同伴的分享有所了解，有所感受，相互学习，共同提高，还能够给同伴以支持与鼓励。另外，分享活动中如果能邀请一些科研专家或名师参与，分享过程中请他们即时点评，还能够让分享活动取得更好的效果。

# 问题21：课题研究需要积累哪些过程性资料？

课题研究最终需要整理、归纳、总结，形成结题报告或成果报告。在形成这些报告总结时，需要研究过程作基础、过程性资料作支撑。客观来讲，在课题研究中产生的与课题相关的所有材料都应该保存，以备后续总结研究成果时调取分析。因此，研究实践中，对原始材料作及时的梳理与总结很有必要。那么，对于一个课题来说，其研究过程中会产生哪些过程性资料，需要以怎样的方式积累保存呢？

一线教师的课题研究实践活动主要有两个目的：一是学习与领会，二是实践与反思。随之产生的过程性资料一般有四类：文献政策类、理性思考类、实践案例类、数据分析类。以下结合具体课题研究实践，稍作说明。

## 一、文献政策类资料

许多课题的产生源于应然与实然的矛盾，教师通过课题研究试图解决这个矛盾。这也是我们通常所说的课题产生的背景。这里的应然，一为儿童成长规律，二为教育教学政策类文件中的一般要求与规定。因此，课题研究的源起少不了相关理论的学习与文件精神的领会。

比如，在上海宝山区行知小学姜敏校长主持研究的"实践共同体视域中成熟期教师适应性专长发展的研究"这一课题中，姜校长带领团队围绕课题研究核心内容搜集了两个维度的文献资料[①]：一是"适应性专长研究的发展脉络"的文献，包括"从1986年开始的前探索阶段"的国外专业研究，对

---

① 姜敏.实践共同体视域中成熟期教师适应性专长发展的研究[M].上海：上海科学普及出版社，2018：3-7.

波多野谊余夫、斯洛波达、贝赖特、斯卡德莫里亚、恩格斯托姆等国外专家发表的论文或观点进行学习；还包括"自2000年开始，教师学习领域中引入适应性专长"的国外研究文献，其中有布兰特福德与达林–哈蒙等在2005年美国教育研究协会年会上的报告；也有我国学者张敏、薛伟民、王美等人关于"适应性专长研究"的文献资料。二是国内外专家、学者关于"教师实践共同体的研究进展"的文献资料，包括探讨"实践共同体"的硕士、博士论文。正是有了丰富文献资料的学习作基础，姜校长带领的研究队伍才能将本课题的研究做得足够深入，得到认可，产生不小的影响。

又如，我们在研究省级课题"区域实施'绿色评价'的实践与探索"时，特别研究了《国家中长期教育改革和发展规划纲要（2010—2020年）》中关于课程改革评价的内容、教育部在2013年6月发布的《关于推进中小学教育质量综合评价改革的意见》与浙江省《中小学教育质量综合评价实施方案》的相关内容。这些政策类文献资料无疑是"绿色评价"课题研究需要领会与依照的重要背景资料。

## 二、理性思考类资料

课题研究不仅需要实践，还需要理性思辨、逻辑思考。理性思考类资料一般产生于对课题选题的意义及课题核心概念的思考过程，它源于对研究内容、概念逻辑及策略路径等的深入思辨，起到为研究课题实践探索厘清概念、理顺关系的作用。课题组成员经过理性思辨后产生的资料，也需要及时积累与存档。

对于一线教师来说，在课题研究过程中产生的理性思考类资料一般分为两类：一类是问题思考类，即源于研究背景产生的问题归因分析的材料；另一类是概念思辨类，即对课题研究核心概念的认识与解读的材料。

问题思考类材料，有采用描述分析的。比如一位校长在研究"小学案例德育的实践研究"[①]这一课题时，关注到现实中"说教式德育课内感动，课外不动"的现象，并作了具体的阐述：德育故事新鲜感、生活化程度不够，德

---

① 本课题负责人为浙江省嘉兴市南湖区东栅小学范冬云校长。

育活动中学生主体性地位缺失，德育行为缺少行动"链"的支持。这些材料，便是研究者对现实问题思考后的结果，是课题提出的重要背景，也需要进行积累。

问题思考类材料，也需要积累典型的例子。比如，一位数学教师在研究"小学低段数学教学中学生读图能力培养的实践与研究"[①]这一课题时，便收集了日常教学中学生在作业或考试中出现的错例，并进行错误原因分析。这些材料的积累与分析，对后续问题剖析有相当重要的意义。

概念思辨类材料，一般是围绕课题研究核心概念的理解去收集或思辨产生，此类资料对课题的概念界定起着重要的作用。比如在省级课题"小学数学活动教学研究"的起始阶段，我们一直在思考"数学活动到底具备怎样的特征""数学课堂中，怎样的活动对学生的数学学习才是有效的"这类问题。研究过程中，一则收集与"活动教学"有关的资料学习、解读；二来结合实践进行思考，撰写观点论文。如《重视数学主体活动的设计》一文，便是围绕课堂导入、新知探究、巩固应用等课堂教学三个基本环节的数学活动的特点与设计要点的所思所想。此文围绕课堂教学三环节对数学活动的思考，为后续撰写研究报告提供了素材。再如《小学数学课堂教学中的有效活动探析》一文，则围绕有效的数学活动特征进行思考，也是小学数学活动教学研究这一课题前期研究中对数学活动概念的界定雏形。事实上，此类资料已经具有了课题研究阶段性成果的特点，在课题研究中有着重要的价值。

## 三、实践案例类资料

对于一线教师而言，实践案例类资料应该是研究课题过程中最为丰富，也是比较容易积累的。比较典型的一般有两类：一类是量表设计类资料，另一类是案例分析类资料。

量表设计类资料，主要是指在课题研究过程中，课题组成员为了规范研究方法，或引导课题组成员深度参与研究，开发设计的一些研究工具，包括观察量表、活动记录表，以及活动计划书等。这些资料的积累肯定是后续研

---

① 本课题负责人为浙江省嘉兴市辅成教育集团邰秀云老师。

究分析的第一手资料，也是进行实践案例分析的重要素材。

实践案例分析是一线教师做课题研究最基本的手段，也是课题研究报告的重要基础。因此，案例分析类资料是一线教师课题资料积累中的重要环节。实践中，案例分析类资料的产生因课题研究的主题而有所不同。

以"课堂教学实践研究"为核心内容的课题，便需要积累课堂教学实践案例。如一位教师的市级课题"以'随文练笔'构建'语用型'阅读课堂实践研究"[1]，其在研究实践中积累了大量的以"随文练笔"引导学生参与语用阅读学习的实践案例。（如下表）

课题研究以来3—6年级"随文练笔"的类型与数量汇总表（单位：篇）

| 类型 | 整体感知类 | 理解感悟类 | 拓展延伸类 | 合计 |
| --- | --- | --- | --- | --- |
| 三年级 | 16 | 18 | 32 | 66 |
| 四年级 | 15 | 16 | 35 | 66 |
| 五年级 | 11 | 14 | 35 | 60 |
| 六年级 | 12 | 15 | 24 | 51 |
| 合计 | 54 | 63 | 126 | 243 |

同样，以"课程建设"为核心内容的课题，也需要积累相关课程建设案例；以"作业创新设计"为核心内容的课题，便需要积累相关的作业设计与应用案例；以"德育活动"为核心内容的课题，则需要积累德育活动实践案例。对于案例分析的过程与形式，需要考虑相关课题研究的视点、解读方向，在此基础上作深度思考，反思研究策略效度。

## 四、数据分析类资料

数据分析类资料也是一线教师课题研究中比较常见的，一般集中产生在现状调查或研究成效分析时。与实践案例分析一样，数据分析资料的丰富与否，是课题研究实践过程是否扎实的体现。

---

[1] 本课题负责人为浙江省嘉兴市辅成教育集团倪雪芹老师，所引用数据材料均来自其课题研究报告。

如一位教师在研究"初中信息技术学科中'以练导学'的教学策略研究"[①]这一课题时，对城乡668名学生进行了一次围绕"教学方式"的调查，其中有"信息技术课上，老师最常用的教学方式是什么""你最喜欢的学习方式是什么"这样的问题。学生对这些问题的回答所产生的数据，就是这位教师研究该课题的重要起点。因此，对于这类数据资料，应该及时地收集，妥善保存，为后续撰写研究报告提供依据。

---

① 本课题负责人为北京师范大学南湖附属学校马茂霞老师，所引用数据材料均来自其课题研究报告。

## 问题22：课题研究过程性资料的积累方式有哪些？

一线教师在课题研究中一般会产生四类研究资料。这些资料需要及时积累，以备后续整理研究报告或成果附件时能够选取使用。事实上，在课题研究实践中，还有一些比较好的方法可以帮助课题研究中的老师及时整理积累研究资料。

### 一、依托"工作手册"，有计划地收集研究资料

课题研究"工作手册"（有的也称"过程记载册"）是一种记录课题研究过程的工具，常为各级各类教育科研规划管理机构建议采用。事实上，"工作手册"贯穿课题研究的整个过程，也应该成为一线教师课题研究中及时收集资料的有效手段。

比如，浙江省教育厅教研室在管理省教研课题中有一项基本的工作就是，每项课题在研究过程中要完成"教研课题记载册"的记录。在这份记载册中，除了写明立项课题的基本信息如课题名称、课题负责人、所在单位、课题完成时间、课题组成员及课题方案之外，还需要记录课题论证过程、论证要点、阶段性成果、课题研究经费的使用，以及成果报告的概要。当然，在这份记载册中占有页数最多的还是"课题研究过程记录"部分，说明管理者比较看重课题研究过程留下的痕迹。

如同这样的"记载手册"，在区市级的科研管理中也有采用。每项市级立项课题，不管是规划课题（包括省级、市级和区级），还是微型课题，均需要记录好"嘉兴市教育科研课题研究过程记录册"。在这份记录册中，除了记载课题的基本信息之外，与省教研课题记载册不同的是，它将课题研究活动与课题学习、培训活动分为两个部分来记录，以关注课题组成员在课题

研究的学习与研究过程，突出专业提升的要求。

课题研究记载册的使用，是一种很好的过程管理手段，也是课题研究者积累过程性资料的重要参照。一般而言，唯有及时整理、积累研讨活动的相关资料，才能更好地深入思考、研究问题，及时总结提炼有价值的阶段性成果。

## 二、借助"档案工具"，及时整理研究资料

对于一线教师来说，课题研究是一个相对较为长期的工作，及时整理研究资料，学会对课题研究资料整理归档同样重要。从日常的科研管理来看，对课题研究资料整理相对及时与规范的课题组，课题组组长的研究热情相对较高，研究思维也比较有条理，更善于分析研究过程。因此，研究档案的整理是反映课题研究过程质量的重要指标。

从一线教师的教育科研实践来看，常用的档案整理归并工具是实物档案袋。作为课题负责人，建立课题研究过程资料积累的"档案袋"，比较有利于及时积累实践研究中出现的资料。

事实上，在信息技术发展迅猛的时代，许多教师已经采用电子档案袋来代替实物档案袋。这两种档案袋各有优势。实物档案袋有利于及时收集参与研究的老师或研究对象手工操作的一些资料，如调查问卷原始材料，课题研究成员的听课记录、活动记载等；电子档案袋有利于材料的存储，便于携带、传送、相互学习及数据分析整理。

在应用课题研究档案袋的过程中，需要归类、编码，并稍作总结分析。归类，即是对不同类型的资料进行分类，以便后续分析时调取。编码，也可编制目录，制作相关文件夹，便于从时间或内容等角度查阅。总结，即需要对一些原始资料作一定的数据分析，如调查后的数据整理、活动后的片断分析等，便于后续使用省时、聚焦。

今天，电子档案库业已成为许多一线教师应用课题研究资料的重要手段。如果说电子档案袋还停留于原始的文件夹思维水平，那么电子档案库则借助网络平台，成为课题组成员即时共享研究资源的有效手段。

电子档案库有如下四种优势：一是资源收集的便捷性，即通过网络收集更多的文献资料供课题成员学习、领会；二是交流互动的即时性，便于课题组成员及时上传研究过程性资料，与组内成员随时随地在线互动；三是讨论空间的可控性，即对课题组外成员的开放，与课题组以外成员的互动交流，也可仅仅局限于课题组成员的内部交流；四是资料存储的长效性，即存储在电子档案库中的课题研究资料只要不删除，便会一直存在，便于更长时间的保留。因此，在信息技术广泛使用的时期，"互联网+科研"应该成为课题研究者的重要素养，电子档案库应该成为课题研究档案记录的重要手段。

## 三、编制"研究简报"，充分展示研究思路，及时分享成果

课题研究简报是一种比较结构化的课题研究资料收集整理方式。相对于前面几种研究资料的存档方式而言，它需要一定的梳理，需要更多研究者的体会与思考。与档案袋式的研究资料积累相比，"研究简报"式的课题研究资料积累更适合一些研究周期比较长（一般两年以上）、研究内容比较中观及以上、参与研究者的面比较广的立项课题。

我们历时近十年的省级课题"小学数学活动教学研究"在研究进程中便采用的是这种形式，及时呈现学习材料、研究资料、实践案例及参与研究者的研究心得与阶段性成果。以下是该课题于2003年4月编制出刊的第1期课题研究简报目录。

该份简报收录了课题组成员在2003年1—4月间的课题研究实践活动及活动感悟，体现了围绕课堂教学活动开展研究的课题特点，并以"短讯"和"喜报"的形式记录了活动过程与阶段性成果。

我们也在一些区域性研究中采用此种的形式，及时总结整理研究资料，以供参与研究的老师学习交流。以下为浙江省规划课题"区域实施'绿色评价'的实践与研究"的课题研究简报创刊号目录。其内容包括研究方案、被省立项为评价改革试点项目、区教文体局出台的区域性实施文件，以及一些实践案例与前期研究的阶段性总结。丰富的研究资料，在为参与研究的老师

们提供了相应学习资料的同时，也能够让他们更加清楚地理解本课题研究的价值与主要方向，为后续深入研究提供保障。

> # "活动教学"简报
> 
> **2003年第1期**
> 
> 主办：王江泾镇中心小学"活动教学"课题组
> 
> 主编：费岭峰　　本期出刊时间：2003年4月
> 
> ---
> 
> ## 目　录
> 
> ◎教学实录
> 
> "分数的意义"教学实录……………………执教　陶文英（2）
> 
> ◎教学设计
> 
> "质数和合数"教学设计……………………执教　费岭峰（5）
> 
> ◎案例评析
> 
> "商的近似值"教学谈…………………………费岭峰（7）
> 
> 关注学生的学习方式…………………………刘蚕宝（10）
> 
> ◎简讯
> 
> 短讯四则………………………………………（6）
> 
> 喜报一则………………………………………（11）

"小学数学活动教学研究"课题研究简报目录

# "绿色评价"研究简报

**2014 年第 1 期（创刊号）**

主办：区域实施"绿色评价"的实践与研究课题组

责编：费岭峰　周　亮　　　本期出刊时间：2014 年 11 月 28 日

## 目　　录

◎相关文件

关于确定中小学教育质量综合评价改革实验省级试点项目的通知
………………………………………………………………………浙江省教改办（02）

关于启动南湖区中小学"绿色评价"教育改革项目的通知
……………………………………………………………南湖区教育文化体育局（03）

◎项目方案

促进中小学学生学习力发展的"绿色评价"工作方案
………………………………………………………………………………项目组（04）

◎阶段总结

绿色评价：深度促进学生学习力发展
——南湖区教育质量综合评价系统的建构与实践…………王晓红　费岭峰（07）

◎实践案例

基于《课程标准》的一年级学业评价改革实践与探索………嘉兴市实验小学（11）

基于学科关键能力　促进学生全面发展………………嘉兴南湖国际实验学校（16）

◎活动简讯

短讯三则………………………………………………………………………（23）

"区域实施'绿色评价'的实践与研究"课题研究简报创刊号目录

# 问题23：为什么要及时做好课题研究阶段性成果的提炼？

课题研究不是一蹴而就，而是一个需要研究者不断思索、实践的长期过程。特别是对于一线教师而言，因为其选题来源更多的是着眼于实践问题的解决，研究过程也以行动研究的方式为主，边思考、边尝试、边总结，所以及时做好研究课题的阶段总结，提炼阶段性研究成果，是一线教师课题研究的重要特点。下面借助具体课题，从四个方面阐述及时做好课题研究阶段性成果提炼的意义。

## 一、深度思辨研究问题的需要

"想好了做研究"，是一线教师做课题研究的基本特点。对于一线教师来说，从问题到课题不是一件容易的事情。着眼于实践问题的思考，是其研究课题提出的基础，实践中，对实践问题的归因显得极为重要。任何一个问题都有其实践表现层与概念本质层。[1]研究者对问题分析解构的过程，其实质也是研究者发散思维与聚合思维能力的体现。就问题分析中的归因方法而言，便有"经验归因""调查归因"与"理论归因"等多种。[2]

如一位教师在研究"新闻微评论融入初中语文作文教学的实践与研究"[3]这一课题时，提出"学生缺乏写作素材和情感动力，写作心理障碍普遍存在""教师写作指导'以文为文'，没有授人以渔，没有拓宽学生的写作空间""新闻素材是积累生活素材最便捷的平台，学生却对此关注不够"三个

---

[1] 张丰.从问题到建议：中小学教育研究行动指南[M].北京：教育科学出版社，2013：58-71.
[2] 同上.
[3] 本课题负责人为北京师范大学南湖附属学校林云娣老师。

问题，然后就这些问题对学生的习作心理与教师的习作指导进行了调查，结合数据对问题成因进行剖析。

①学生学业繁忙，无暇关注生活，缺乏对新闻评论类文章的认知。

②教师指导滞后，忽视新闻关注引领，缺乏开展微评论的写作实践指导。

③学生缺乏审视新闻事件的洞察力，缺失新闻微评论的写作能力。

有了基于调查数据的深度分析，才使三个问题归因更具说服力，也为后续提出有针对性的研究策略提供帮助。

事实上，类似这样的调查材料，有些教师还专门写成调查报告，独立成文，不仅为研究课题提供了数据支撑，还能更加完整地呈现调查内容与建议，体现了阶段性成果的典型特点。

## 二、审思阶段研究效果的需要

一线教师的课题研究，最基本的是如何与日常的教育教学结合起来，即体现"在工作中研究，于研究中改进工作"的特点，表明一线教师的课题研究与日常教育教学活动是紧密结合的。这就需要课题研究者经常对课题研究的进程作审思，对阶段性的研究效果作分析，对课题研究的策略作调整。实践中，完成这些工作，一般体现在阶段性成果的梳理与总结中。

审思课题研究阶段效果的成果梳理，可以围绕两个层面：一是课题核心概念思辨的成果，二是实践活动总结提炼的成果。下面以浙江省重点研究课题"小学数学活动教学研究"为例，作具体阐述。

"小学数学活动教学研究"这一课题，从市级规划课题到省级规划一般课题，最后立项为省级规划重要课题，并不是一步到位，而是逐步完善，逐步成熟的过程。特别是在2005—2008年该课题立项为省级重点规划课题期间，对该课题研究的阶段性思考更是不断深入，也取得了相应的成果。

2006年6月发表于《基础教育研究》杂志的论文《谈谈小学数学课堂教学中活动目标的确立》，是对前期数学活动教学研究中数学活动目标设定的思考与提炼，并提出"数学活动的目标应突出数学学科特性，凸显数学学习的本质"这一核心观点。2006年上半年获人民教育出版社课程教材研究开发中心论文评比二等奖的论文《试析小学数学课堂教学中的有效活动》，则是对有效的数学活动从目标定位、活动设计两个方面作了完整的梳理、总结。

这个时期，结合大量的课堂教学实践，以课例形式梳理成文的阶段性成果更为丰富。有发表于《小学数学教师》杂志的《今天，我们该如何教"简便计算"？——缘于一次计算作业调查的思考》《回归本源，为学生的数学理解找到支点——"连除简便运算"教学实践与反思》；发表于《教学与管理（小学版）》杂志的《数学学习应凸显探究过程的科学性》；发表于《小学教学（数学版）》杂志的《以活动促进学生的思维发展》；发表于《中小学数学（小学版）》杂志的《"小棒操作"为哪般？》等。分析诸多的实践案例发现，数学活动的设计还与数学教学内容相关，不同内容的学习需要不同的数学活动作支持。正是因为在课题研究过程中经常有阶段性成果的总结、提炼，才有了后续成果总结中提炼出来的"经历型""体验型""探究型"与"创生型"四类数学活动。

## 三、完成研究预期成果的需要

这是阶段性成果提炼的刚性要求。因为省级及以上的立项课题要求中，本身便有对预期成果的具体规划，且不止一项。如在国家级或教育部课题的申报中便有如下要求。

1.国家一般课题应出版学术专著1部，并在CSSCI上发表3篇系列论文。

2.国家青年基金课题应出版学术专著1部，并且在CSSCI期刊上发表2篇系列论文。

3.教育部重点课题应出版学术专著1部，或者在北京大学图书馆版核心期刊上发表3篇系列论文。

4.教育部青年专项课题应出版专著1部，或者在北京大学图书馆版核心期刊上发表2篇系列论文。

这样的要求，对于研究者来说，需要在研究过程中对阶段性成果作及时总结，及时投稿才有完成的可能。

当然，对于一线教师的课题研究来说，要求不会那么高，但如果我们能够将课题研究计划做得更精细一点，对研究的预期成果定得更明确一点，那么也会在研究过程中更加关注阶段性成果的总结与提炼，为最终总结课题研究成果打下基础。

如一位教师在微型研究课题"教师口头禅现象成因分析与矫治对策研究"的方案制订中，是这样确定"研究预期成果"的："除实现优化教师言语行为、改进课堂教学面貌等目的，还可以写作、发表数篇文章，如《从优化心理入手，矫治教师口头禅现象》《教师口头禅与教育理念》和《解'禅'：让教学语言'一身轻松'》等。"[1]

"预期成果"中的三篇文章，有理念的解读与教学观的思考，如《教师口头禅与教育理念》；也有解决问题策略的分析与思考，如《从优化心理入手，矫治教师口头禅现象》；也有结合案例分析的，如《解"禅"：让教学语言"一身轻松"》。因为确定了具体的主题思考点，研究者也能够在研究过程中做个有心人，对某个节点有所悟道时，便能及时下笔总结提炼。所写的三篇文章，几乎可以搭建起该课题研究的成果框架。

## 四、研究人员动力激发的需要

实践表明，在一线教师的课题研究中，如何引导课题组成员积极参与课题研究，思考研究的问题，是让课题负责人比较困惑的问题。除了前文谈到的几种引导方式外，经常开展研究实践活动也是一种重要且有效的方式。引导参与课题研究人员一起思考、总结阶段性成果，不失为一种好方法。

在同一学校或者区域的几位教师，围绕同一课题思考教育教学问题，实践教育教学工作，也是一件幸福的事情。很多时候，一线教师苦于没有同伴一起探讨教育教学问题，如能够在一个专注于专业研究的团队中结伴同行，围绕一个主题一起实践、一起探索、一起思考，还能够将思考与实践的成果进行总结、提炼、物化，对一线教师来说，还是颇具成就感和满

---

[1] 冯卫东.今天怎样做教科研：写给中小学教师[M].北京：教育科学出版社，2012：76-77.

足感的。

这种成就感和满足感一般表现在：一是展示自己的研究思路，分享自己的经验，为研究团队提供研究资料；二是形成相对比较成熟的阶段性成果，参与论文评比或投稿发表，得到课题组以外专家人员的肯定。当然，最主要的是可以与同伴一起思考研究内容，分享经验、相互启发、共同成长。

# 问题24：课题研究阶段性成果总结与发布有哪些样式？

课题研究阶段性成果的总结与提炼，是课题组成员思考研究问题的结果。阶段性研究成果的质量需要通过相应的平台得以展示、发布，才能有所评判与再思考。本节针对阶段性成果的总结与发布谈一些想法和做法。

## 一、阶段性成果的总结样式

一线教师课题研究的阶段性成果总结，一般采用观点论文和案例分析两种基本样式。

### （一）观点论文

论文既是探讨问题进行学术研究的手段，又是描述学术研究成果进行学术交流的工具。课题研究论文是研究者"在课题研究基础上，经过分析论证的深化认识过程"，"是课题研究中一种重要而常用的成果形式"。在一线教师的课题研究中，观点论文既可作为研究成果提炼的形式，也可作为对研究假设思辨的逻辑推断、理性思考形式，要求具有一定的理论性和科学性，"能够理性地认识问题、分析问题，揭示具有普适性的规律"[①]。

观点论文写作的基本结构一般由标题、作者单位和署名、内容摘要、关键词、正文、注释或参考文献等部分组成，也有的在文后增加"附录"。观点论文的正文部分一般由引言、本论、结语三个部分组成。写作观点论文时，需要注意写作规范，包括引文的规范、注释与参考文献的规范等。

---

① 李冲锋.教师如何做课题［M］.上海：华东师范大学出版社，2013：154.

例：以"观点论文"发表于《中小学教师培训》上的"小学数学活动教学研究"的阶段性成果。

### 数学活动：承载儿童数学学习的重要过程
——谈促使小学生数学学习发生的数学活动设计要点[①]

浙江省嘉兴市南湖区教育研究培训中心　费岭峰

摘要：数学活动是为了达到学习数学知识、习得数学技能、促进数学思维发展、提高数学素养而采取的行动，不但需要具备一般活动的特征，更要体现其学科属性，反映数学学习本身的特点。设计一个有效促使学生数学学习发生的数学活动时，一般需要把握缘于数学、思维发生、经验形成以及数学建构四个方面的设计要点。

关键词：数学活动；学习发生；缘于数学；思维发生；经验形成；数学建构

正文：略

参考文献：略

## （二）案例分析

案例是人们在生产生活中所经历的典型的、富有多种意义的事件陈述。在课题研究过程中产生的案例，是指结合课题研究实践活动所发掘的典型反映教育教学规律的研究事件、例子。课题研究中的案例，一般有教育案例与教学课例两类。无论哪一类，作为研究案例分析时，不是单纯的事件实录或描述，还应该围绕研究主题包括对事件作出相应的分析、评判，对蕴含在事件发生发展过程中与研究主题相关的规律进行归纳与提炼。

课题研究中，案例分析的写作相对灵活，不必拘泥于文本格式，更重要的是能够突出研究主题，围绕研究主题展开分析探讨。案例写作过程中，事件描述和规律提炼相辅相成，生动性和主题性均需要考虑。

---

① 费岭峰.数学活动：承载儿童数学学习的重要过程[J].中小学教师培训，2017（1）：48-51.

例：以"案例分析"发表于《小学教学：数学版》的"小学数学活动教学研究"阶段性成果。

## 以活动促进学生的思维发展
### ——"分数的意义"教学实践与反思[①]

引言：……不久前，笔者主持的省级重点课题"小学数学活动教学研究"举行了一次课题研讨活动，围绕研究课"分数的意义"中的几个数学活动是否促进了学生的思维发展进行探讨。现对课中的三个关键性数学活动作一介绍和分析。

活动一：自选材料表示分数。

活动材料：略。

活动要求：任意选择一种或两种材料表示出自己喜欢的分数。

设计意图：作为导入环节的数学活动，主要在于通过活动……

过程实录：略。

活动分析：本活动最为突出的特点是……其次，活动中注重了师生、生生之间的交流，学生的思维活动得到充分展开……

活动二、活动三（略）

教后反思：在"分数的意义"一课的关键性活动中，我们正是结合学生思维发展的特点，运用相对有效的教学策略，促进学生思维的发展……

从以上结构可以清晰地看出，整个案例内容是紧扣"数学活动"分析与思考的，不但有事件过程的描述，还有对实践过程的思辨、总结与提炼。因此，案例分析也是课题研究阶段性成果提炼的典型样式。

当然，课题研究阶段性成果的总结，除了以上谈到的"观点论文"和"案例分析"外，还有随笔、叙事等。其实，围绕研究阶段性成果思考的写作方式，还是比较多样的。最关键的一点，在记录研究过程中必须有针对研究问题的思考、剖析，最终能够发现有效的策略方法，加以归纳与提炼。

---

[①] 费岭峰，叶建娥.以活动促进学生的思维发展[J].小学教学：数学版，2006（11）：39-41.

## 二、阶段性成果的发布样式

成果发布是课题研究过程的重要环节。无论哪个级别的课题，阶段性成果的发布在有利于扩大成果影响力的同时，还承载着促使研究者进一步思辨的作用。一线教师课题研究阶段性成果的发布样式主要有三种：成果发表、会议交流与实践展示。

### （一）成果发表

发表是课题研究阶段性成果展示的一种基本方式。但投稿发表需要注意一些基本常识：一是根据成果的表达形式选择合适的刊物，即论文类成果适合投递至喜欢刊发研究论文的杂志，案例类成果适合投递至喜欢刊发案例类的杂志，投递前先关注相关杂志的文章风格。二是根据杂志要求，选择合适的投稿方式，喜欢纸质稿的杂志一般不用网络投稿，喜欢用邮箱电子稿的杂志就不用投纸质稿。在投稿时，还要注意文章的格式细节、邮件名称细节等。

作为研究成果发布的稿件，可以有单篇发表与多篇成组发表。如发表于《中小学教师培训》上的"小学数学活动教学研究"的阶段性成果《数学活动：承载儿童数学学习的重要过程——谈促使小学生数学学习发生的数学活动设计要点》，就属于单篇发表的阶段性成果。

如《小学数学教师》杂志2019年第1期上发表的一组题为"学生提问，以问引学"[1]的文章，共6篇，则是一位教师围绕浙江省教研课题"小学生'以问引学'课堂教学模式之实践研究"[2]所发布的课题研究阶段性成果，属于典型的多篇成组。

相对来说，多篇成组发表更具冲击力，能够显示课题组成员的团队研究过程。当然，单篇发表在核心期刊的论文，也是课题研究论文学术水平的体现。

---

[1] 小学数学教师编辑部.学生提问，以问引学［J］.小学数学教师，2018（12）：4-16.

[2] 本课题负责人为浙江省海盐县教育研究培训中心顾志能老师。

## （二）会议交流

会议交流是课题研究成果发布比较常用的一种方式，一般分为主动交流与参与交流两种。

主动交流，即由课题组或课题组所在学校，围绕某个课题专门召开课题成果交流推广会，以让课题组展示交流阶段性成果，并进行探讨、论证，从而扩大课题研究成果的影响力。此类交流，一般需要相对比较完整的会议材料，包括阶段性成果报告或研究论文、实践案例分析等。而且，在主动交流过程中，一般需要全体课题组成员参与展示交流，以表明研究实践的参与面。

参与交流，即依托相关课题参与由上级科研部门或教育行政部门组织的会议、活动时作专题展示或交流。与主动交流相比，参与交流的方式相对简洁，可以是介绍成果的代表参会，有时甚至只需提供阶段性成果的文本材料，无须现场发言。

无论是哪种形式的会议交流，都是课题研究成果得到展示推广的契机，课题组成员均须努力做好准备，以展示课题的阶段性研究成果。

## （三）实践展示

如果说前面几种方式是以文本材料作为阶段性研究成果提炼进行交流，实践展示也是课题研究阶段性成果总结与交流的重要方式。对于一线教师来说，课题研究成果的实践展示更具直观性和冲击力。

实践展示需要有两个层面的准备：一是思考层面，二是实践层面。在课题研究阶段性成果的实践展示过程中，需要对实践展示的内容与方式作深度思考，形成可展示的方案，然后才能到达实践展示的层面。其实质也是教育科研课题研究科学性的体现：归纳总结的规律可重复、可验证。

## 第四章

## 研究方法运用

科研方法的重要性不言而喻。
会用研究方法,才能更好地体现一线教师"科学审慎"的研究态度……

——"我的研究感悟"

# 问题25：一线教师如何走出行动研究的认识与实践误区？

一线教师的研究不同于专业研究者的研究，"是一种主要以实践问题为取向的研究"①，因此采用的研究方法主要是行动研究。行动研究起源于美国，20世纪80年代初开始进入我国，因其主要定位"是一种适应教育改革的小范围探索性的研究方法，目的不在于建立理论或归纳规律，而在于系统地、科学地解决实际问题"②，比较适合于一线教师，很快成为我国一线教师普遍采用的研究方式。

所谓行动研究，可以从"行动"和"研究"两个词语入手加以解释。"行动"即指实践的活动或行为，"研究"即为探索知识或规律而采取的活动。一线教师所做的行动研究，体现了其成为研究者的基本特点：行动中做研究，研究中有行动。教师既是研究者，也是实践者。正因如此，许多一线教师对行动研究法有着诸多的误解，认为：行动研究是在具体的教育教学实践中进行相关问题的研究，很难在一开始便把所有问题都想清楚、预设好，需要根据实际需要边研究边修改研究计划与方案，所以在制订课题研究的总体方案时无须深入思考、周密计划；在研究实践中，有时可以完全放弃原有研究计划，重新规划研究进程，设计研究活动。造成这种误解的根本原因，是一线教师对行动研究缺乏准确的认识和实践经验。

"行动研究是一种以教育实践工作者为主体进行的研究，它以研究自己实践中的问题，改进教育实践为其本质。"③因此，行动研究的问题源于教师的教育教学实践，是其工作中的实际问题。教师作为研究主体，没有脱离

---

① 张肇丰，李丽桦.课堂改进的30个行动[M].上海：华东师范大学出版社，2011：（序）6.
② 王坚红.学前儿童发展与教育科学研究方法[M].北京：人民教育出版社，1991：170.
③ 陈向明.在行动中学作质的研究[M].北京：教育科学出版社，2003：13-30.

自己的工作成为旁观者，而是仍然处于实际的工作中，以"实践—反思—改进—再实践"的研究过程，研究自己的工作，尝试解决实际问题。因此，对于行动研究来说，研究进程会随着教育教学实际情境的变化而作补充、调整，但整个研究过程仍然是有计划、有思路、有方法、有提炼的。

我们先来看"一个教师行动研究的个案及分析"[①]中L老师做的"英语课堂中'生问生答'教学方式尝试"行动研究的例子。

L老师做"生问生答"课堂教学实践尝试，是源于他确定的"在高中英语情境教学中应如何发挥学生的主体性"的研究课题。因为他想改变原来课堂上"讲解、阅读"的教学方式，受到《创设情境，让学生唱主角——谈"生问生答"在英语课堂教学中的运用》一文的启发，开始尝试"生问生答"的教学方式以解决这个问题。

用这种方法上完第一节课后，L老师感觉很好：学生的问题比较多，学习积极性明显增强，主体性得到了体现。

经过一段时间的实践，通过反思发现了新的问题：这种"生问生答"的教学方式，虽然有助于调动学生的学习积极性，但由于所提的问题大多停留于理解课文内容的层面，对培养学生的思维能力很不够。于是，L老师产生了一个新的问题：如何通过提高提问的效度来促进学生思维能力的发展，真正地发挥学生的主体性。在随后的课堂上，L老师对学生的"提问"提出要求，引导学生提一些需要用归纳、概括方法来回答的问题，增加思维含量。

随后的实践中，L老师又碰到了"生问生答"课堂上的新问题：因为"生问生答"的课堂给了学生自由交流的时间，学生发言时更关注自己的提问，而缺少倾听的行为，只管自己大声说话，忽略别人的学习感受，学习环境太过吵闹，课堂纪律出现问题。于是，通过反思"生问生答"的课堂管理，L老师最终想出"先分组问答，再全班问答"的方式，虽然还存在一些不尽如人意的地方，如组员的英语水平存在差异，学生在提问的过程中如遇到困难不能及时得到教师的帮助，对问题的讨论和回答得不到教师及时的反馈，等

---

[①] 陈向明.在行动中学作质的研究[M].北京：教育科学出版社，2003：13-30.

等。但课堂吵闹的情况得到了改善,学习环境有了好转。

……

在这种以改进实践为目的的行动研究中,我们可以体会到实施行动研究时仍然需要把握一些实践要点。

## 一、研究随情境,思路须明确

情境是行动研究的根基。以上整个过程中,L老师的行动研究始终围绕英语课堂实践,在真实的情境中进行尝试、探索。问题产生于课堂实践,方法尝试落于课堂实践,方法调整也是基于课堂实践……

但在实践中,研究主题很明确,即"采用'生问生答'提高学生课堂学习中的主体性",因此研究思路也比较清晰,以实践"生问生答"的教学方式改进原来的课堂教学方式,突出学生的主体地位。同时,对问题性质与问题归因的分析比较科学,结合真实教学情境中产生的有关影响"生问生答"学习效度的问题,加以深入反思,努力尝试解决。

## 二、过程重实践,方法须科学

行动研究属于质的研究方法的范畴。"质的研究是对以研究者本人作为研究工具,在自然情境下采用多种方法收集资料,对社会现象进行整体性探究,使用归纳法分析资料和形成理论,通过与研究对象互动对其行为和意义建构获得解释性理解的一种活动。"[1]显然,实践是行动研究的基本形式,通过实践获取第一手资料,然后分析、归类、总结、提炼。因此,在行动研究中,科学的方法同样是需要的。

比如观察与实验。"行动研究不仅利用观察手段去诊断现状,发现问题,还要利用实验的手段去改进现状。"[2]行动研究过程中,作为置身研究环境的

---

[1] 陈向明.在行动中学作质的研究[M].北京:教育科学出版社,2003:7.
[2] 王坚红.学前儿童发展与教育科学研究方法[M].北京:人民教育出版社,1991:180.

研究者，除了反思实践、运用方法组织实施研究行动（即教育教学实践）之外，还需要对研究过程中的事、物、人进行观察，收集相关信息，并及时作出分析。有时还需要设计一些实验，对一些变量进行控制，以检验方法的效度。如以上案例中，L老师在改进"生问生答"的效果时，将交流方式从"直接全班交流"调整为"先分组交流，再全班交流"的方式，便可以对交流效果进行观察，收集相关数据加以深入分析，以判断方式调整后的效度。

当然，行动研究中的观察、实验等方法的应用，其最终目的是为改进教育教学实践提供更有效的策略、手段服务。

## 三、目标可调整，目的不改变

以上L老师在做"英语课堂中'生问生答'教学方式尝试"的行动研究时，是基于"在高中英语情境教学中应如何发挥学生的主体性"的研究课题的。因此，在整个研究中，有着"借助情境教学发挥学生主体性"的总目标。当问及L老师，通过"生问生答"的教学方式研究是否偏离了原来要研究的情境教学的主要内容时，他是这样回答的："在初中进行情境教学时，我比较强调去创设一些情境让学生在一种接近真实的环境中去学习英语，强调的是一种'境'。而在高中的情境教学中，我觉得更应从强调'情'出发，去发挥学生学习英语的主体性，这也是我在这两个阶段进行情境教学的不同体会与理解。"[①]

这段话表明，L老师在研究"在高中英语情境教学中应如何发挥学生的主体性"这一课题时，对情境教学的目标定位作了调整，其目的是想以更加贴合高中生的特点进行"借助情境教学发挥学生主体性"的实践。其结合实际提出的"生问生答"式的教学便有这样的意义，在后续结合"正向鼓励"为主的评价方式也是出于这一目的。也就是说，研究过程中的目标虽作了调整，但研究目的并没有改变。

---

① 陈向明.在行动中学作质的研究[M].北京：教育科学出版社，2003：30.

## 四、研究出结论，策略有提炼

在教学中研究，在研究中教学，是行动研究的基本特点。行动研究的目的在于解决实践问题，改进教育教学行为，但同样需要得出相应的结论，提炼有效的教育教学方法策略，以供同伴学习、采用。

如在以上的例子中，L老师通过研究，在"生问生答"的教学方式上得出一些结论（也可称作经验），如："生问生答"是有效体现学生学习主体的有效方式；"生问生答"的提问质量需要思维层面的要求；"生问生答"的有效组织需要教学管理的跟进，等等。在此基础上，还形成一定的操作策略：如引导学生提出评估型问题的"适度引导策略"、改进教学效度的"先分后合策略"等。

# 问题26：一线教师可以做怎样的教育科学研究？

一线教师的研究更多属于行动研究，以研究者自身所处的具体情境为内容，解决自身面对的问题，结论不一定具有推广性。虽然有专家认为，"从严格意义上来说，行动研究还只是非正式的研究"，但它所强调的"教师成为研究者""行动者的研究"的意义，充分激发了一线教师从事教育科学研究的热情。行动研究作为质性研究的一种基本方式，一线教师在课题研究的具体过程中，需要运用多种教育科学研究方法，体现出行动研究的科学性与实证性。本节介绍几种适合一线教师的教育科学研究方法。

## 一、调查研究

教育调查研究就是围绕教育问题，通过访问、谈话、问卷、测验等方式，有目的、有计划地搜集有关的事实资料，并对所收集的资料进行分析、整理，从中概括出一定的结论或规律的教育实践活动。对于一线教师来说，调查研究比较适用于对教育现状、教育发展状态等的研究。相对应地便产生"××现状调查研究"，即调查对象的当前状况和基本特征，目的在于对教育现象的即时状况作出具体描述，以便了解情况，发现问题，提出改进建议，如"城镇小学高年级学生家庭作业现状调查研究"。还有"××发展调查研究"，即对某一对象在较长时间内的特征变化进行调查，以了解研究对象的前后变化和差异情况，如"小学第一学段学生数学思维能力发展状况的调查研究"。

一线教师常用的调查研究方法有问卷调查、访谈调查及测量调查等。

问卷调查，即研究者把要研究的问题设计成若干个具体问题，编制成书面的问题表格，向调查对象分发，并让其填写，然后收回整理、分析，从而得出结论的一种调查研究方法。问卷调查法因其操作相对简便,所以是教育调查研究中使用最广泛的研究方法。

访谈调查,即研究者通过与被调查者面对面的交谈,直接收集材料的调查方法。它一般需要将研究的问题设计成系列问题,编制谈话提纲,以便向被调查者发问,收集到更有针对性的材料。著名的如"普鲁斯特问卷",可以看作典型的访谈调查。

测量调查,即由研究者编制一组标准化的测试题,通过测量的方式收集数据资料进行研究的一种方法。测量调查因其更易进行数据化分析,利于建立和检验科学假设,更适用于发展调查研究。

## 二、课例研究

课例研究,简言之,就是以课堂作为案例进行的研究。具体而言,课例研究是一种研究者有明确目的,围绕课堂教学的设计、实施及其他与课堂教学相关的活动收集资料,进行相关研究的教育实践活动。因为课例研究的着眼点在"课例",即教师教育教学实践的"主阵地"——课堂,所以教师进行课例研究,对其观察课堂、思考课堂、改进教学有着极其重要的作用。因而,课例研究业已在一线教师的教育实践研究中被广泛应用。

以华东师范大学崔允漷教授领衔的"课堂观察研究"的"听评课"实践中对课例研究提出"五部分结构",即"背景、课前会议、课中观察、课后会议、附件"[①]等,基本体现了课例研究的一般流程。

在实践层面,课例研究更是形成丰富的研究主题,成为一线教师反思课堂、改进教学的基本途径。而且,由于课堂观察技术的不断发展,教师观察课堂的方式已经从仅仅靠"听课"走向借助视频录播系统,能够更加全面细致地记录课堂上发生的故事,对课堂教学的研究更加客观与深入,可以做课堂活动全景研究,也可以做关键问题聚焦研究。

实践中,有类似"基于'三次备课,两轮打磨'框架的课例研究——以九年级历史与社会'改革开放的推进'一课为例"着眼于研究方式的课例研

---

① 沈毅,崔允漷.课堂观察:走向专业的听评课[M].上海:华东师范大学出版社,2008:121.

究；也有类似"探寻诗歌教学'图标'设计与儿童、文本的关系——大班诗歌《听雨》教学课例研究"主题内容教学研究的课例研究。事实上，课例研究作为一种研究方法，比较适用于围绕课堂教学的研究课题。

## 三、个案研究

个案研究，简单说是针对单个对象的研究。个案研究体现在教育研究中，即研究者有目的地通过调查、实验、观察、访谈等方法，收集与单个研究对象的相关资料并进行分析研究的教育研究方法。个案研究中的单个对象，可以是个人，也可以是某个团体，还可以是某个事件。对于一线教师来说，个案研究主要是指围绕某个个体的研究。

个案研究在社会学和心理学中已有广泛应用，现在一线教育教学实践中对学生的心理健康教育越来越重视，个案研究也为越来越多的教师采用。

教育领域的个案研究，研究对象主要是学生与教师。一般采用观察和访问等方法，对一个或几个研究对象进行较长时间的系统研究，全面记录孩子或教师在家庭环境、学习或工作活动、身体健康状况等因素的影响下，其心理活动和人格品质以及学习工作状态的发展变化，从而找出教育教学活动发展、变化的规律。其研究对象可以是正常的儿童、成人，也可以是有一定心理问题的儿童。研究可以在自然条件下，也可以在有实验控制的条件下进行。

在实际的研究中，由于概括时有许多困难，个案研究后有时可能要进行大规模的调查研究。

## 四、叙事研究

所谓叙事，简而言之，就是叙述故事，用讲故事的方式记录事件与分析原因的过程。教育叙事研究是研究者以叙述故事的方式表达对教育的理解和解释。"它不直接定义教育是什么，也不直接规定教育应该怎么做，它只是给读者讲一个或多个教育故事，让读者从故事中体验教育是什么或应该怎么做。"[1]

从研究方法的特点来看,"叙事研究是以'质的研究'为方法论基础的,是质的研究方法的具体运用"[2]。对于一线教师而言,讲与自己日常生活最紧密的教育教学故事,其产生于真实的情境,以切身的体验谈自己的感受与获得,胜过任何的说教,也最容易感染人。因此,教育叙事已经为越来越多的一线教师所应用。

教育叙事研究的方式有两类:一是研究者叙自己的事,二是研究者叙别人的事。无论叙谁的事,叙述过程中需要"讲故事"与"析原理"恰当地融合。即叙事研究同样需要有聚焦的研究问题,在"讲故事"与"析原理"的过程中蕴含对教育教学规律的发现与提炼。在整理分析资料的过程中,研究者需要从收集的材料中寻找规律,发现有价值的教育教学策略、路径,从而为学习者提供解决同样问题的方法、经验。

优秀的教育叙事研究报告,同样是一份既有个性色彩又富有创新性的学术研究报告。

### 五、实验研究

实验研究是指研究者按照研究目的,合理控制无关因子,增加或创设一定的实验条件,然后观察、测定由此产生的结果,判断条件与结果之间的因果关系,从而验证假设是否成立的研究活动。教育实验研究是判断教育现象中因果关系的教育科学研究方法,是一线教师研究教育教学方法有效性的常用方法。

实验研究一般需要有研究假设,有对自变量的操作、对无关变量的控制。相对于观察研究、调查研究,实验研究的过程设计要求比较高,对研究因子的控制要求也比较严格,因此对研究者科研能力和技术水平的要求也比较高。

在教育研究活动中,运用实验研究可以发挥教师对教育教学问题思辨的

---

[1] 邱瑜.教育科研方法的新取向——教育叙事研究[J].中小学管理,2003(9):11-13.

[2] 同上。

主动性，帮助一线教师比较准确地找到某种教育教学行动与所取得的某类教育教学效果间的因果关系，从而得以重复使用，或者加以推广。

当然，在教育教学实践中，有些研究只是探索性的，为的是积累经验、提出假设；有些只需作相关性研究或描述性研究，不需要也不能确定因果关系。因此，对于一线教师来说，并不是所有的研究都需要做实验、采用实验研究的方法。

## 问题27：调查研究在一线教师的教育科研中有什么作用？

将调查研究引入教育领域，为教育教学问题研究所用，有着重要的实践意义。实践中，调查研究作为一种研究方法，在一线教师的科研实践中，许多情况下并不是单独使用的，而是结合研究课题，作为发现教育问题、印证研究假设或者采集研究数据的方法使用的。本节结合一些实践课题，就一线教师如何结合教育教学实践进行调查研究，谈一些做法与想法。

### 一、发现聚焦问题

对于一线教师而言，研究问题的发现往往凭经验，因此，许多研究课题在阐述研究背景或问题提出的缘由时，只是定性描述，缺乏一定的数据支持，造成问题提出的空泛、问题描述的模糊。如果能够借助一些调查，将原本定性描述的问题通过定量的分析与概括，自然会使问题的提出更具说服力和可信度，也从课题研究的源头上体现出问题存在的客观性与解决的必要性。

比如在幼儿园一日活动中，餐前游戏作为一项教育活动，教师在实践中做得怎样，有没有起到"育"的效果呢？一位幼儿园教师就做了"关于大班餐前游戏开展现状的调查研究"[1]的课题。具体研究过程如下。

调查对象：本园与其他幼儿园教师57名，本园与其他幼儿园幼儿225名。
调查内容：1.教师对餐前游戏组织现状的调查，包括餐前游戏目标设定、

---

[1] 朱德江，费岭峰.植根教育实践的多样化研究——南湖区"自主微型研究"优秀成果集[M].嘉兴：吴越电子音像出版社，2018：30-43.

材料投放、活动类型及组织形式；2.幼儿参与餐前游戏现状的调查，包括参与餐前游戏的积极性、自主性、创新性以及实效性。

调查方法：问卷调查，发放280份问卷，回收272份有效问卷；访谈调查，对37名家长进行访谈，并及时整理访谈结果；进行了多次的现场观察。

调查结果分析：

（一）大班餐前游戏开展现状的总体情况分析，得出结论：1.教师、幼儿、家长对餐前游戏的概念理解差异较大；2.教师、幼儿、家长对于大班餐前游戏的价值认同差异明显；3.不同教师对大班餐前游戏的关注程度存在差异；4.大班餐前游戏开展过程中的评价状况不容乐观。

（二）大班餐前游戏开展现状的具体情况分析，得出结论：大班餐前游戏中教师组织方面仍需完善，幼儿参与方面仍需推进。结合数据分析，发现教师组织方面的问题有：大班餐前游戏的环境创设略显不足，材料投放需要改进，活动类型不够丰富，组织形式有待拓展；幼儿参与方面的问题有：幼儿参与餐前游戏的自主性还需加强，创新性有待提升，实效性还需增强。

从以上调查研究可知，关于幼儿餐前游戏，从设计组织到幼儿参与层面存在较多的问题。这些问题值得幼儿教师进行相应的研究，探索有效的方法加以改进。比如，设计"大班幼儿餐前游戏丰富性研究"这样一个课题，以解决"餐前游戏形式不够丰富"的问题；再如，设计"十分钟聚会：幼儿餐前游戏创新研究"，以解决"幼儿参与餐前游戏主动性与创新性不足"的问题。事实上，相应的调查研究能够更利于一线教师发现教育实践中存在的问题，选择恰当的研究点，切实体现通过研究解决问题的教育科研的意义与价值。

## 二、调查印证问题

教育科研中，有些问题的挖掘是凭经验，有些问题的发现是靠直觉，还有些问题虽然客观存在，但具体到不同的学校或对象则又有不同的表现。比如前文谈到的产生于应然与实然间的矛盾，这样的矛盾在不同区域、不同学校中，因对象的不同，其具体表现存在较大的差异。一线教师要想准确把握问题的关键，便需要对自己区域或者面对的对象作一定的调查，以期更加准确地了解情况，细化问题，从而作出恰当的决策，设计有效的课题研究方案。

比如2014年年初，从国家到省级层面以文件的形式明确提出一年级新生入学"零起点"教学的要求。对于一线教师来说，这是一个重要的文件，按照要求理应执行。但对于一些城镇学校而言，因一年级新生学前教育的水平相对较高，"零起点"教学对于这些孩子是否合适？如果执行文件要求，"零起点"又该如何来界定？这便是此类学校中接手一年级新生的教师或管理者所要考虑的问题。一位城市中心城区实验小学的教师就这个问题进行了"城镇小学一年级入学新生学前识字情况调查研究"[1]的课题研究。具体研究过程如下。

调查对象：实验小学一年级265位新生，520位新生家长。

调查内容：1.入学新生学前识字情况调查，包括：（1）学生学前识字教育起始的场所调查；（2）学生学前识字途径的调查；（3）学生学前阅读水平调查。2.入学新生父母学历与孩子学前识字量之间的关系调查，包括：（1）孩子双方父母的学历调查；（2）孩子识字量的调查。

调查方法：测试调查，提供一年级语文上册生字表中的400个生字让学生认读；问卷调查，对家长发放问卷进行调查。

调查结果：

（一）学生识字量调查：大部分学生有一定的识字基础，其中117位学生的识字量在300个以上，59位学生的识字量在200~300个，说明66%的学生已经达到一年级上生字表中50%以上的识字量。只有41位学生的识字量在50个以下，仅占被调查人数的15%。

（二）学生识字途径：书本报刊识字是主要途径，电视识字、生活识字也是主要方式，还有许多学生是通过电子学习产品识字的。

---

[1] 朱德江，费岭峰.植根教育实践的多样化研究——南湖区"自主微型研究"优秀成果集[M].嘉兴：吴越电子音像出版社，2018：3-11.

通过家长对入学新生具备的阅读水平也作了相应调查，能够自如阅读书报的占22%，简单儿歌、绘本阅读的占37%，已经超过半数。无法阅读的只占11%。

调查结论：这些入学新生的识字量虽然还存在一定的差异，但对超过80%的学生来说，识字教学并不是"零起点"。

从以上调查可知，对于该校入学的一年级新生，按照文件实施"零起点"教学时，对其教育教学的方式值得深入研究。比如，可以研究"'零起点'背景下一年级新生识字的差异教学策略"这样的课题，研究识字板块分层教学、差异教学的方法途径，解决学生学习起点不同的问题；也可研究"基于不同学习起点的'生生互学'识字教学实践"这样的课题，以创新一年级新生的识字方式，探索从"教师教"走向"生生互学""小先生制"的学习过程，从而在保证"零起点"学生学习效果的同时，保护好已有相当基础的学生的学习积极性，促进每个学生在原有基础上得到发展。

## 三、采集研究数据

作为课题研究中的一种具体方法，调查法的主要意义在于，通过调查，采集相关的研究数据，从而更加精准地分析研究效果，证明研究策略的有效性。实践中，一线教师经常在课题研究过程中，通过调查研究取证以表明研究成效。

如一位幼儿园园长在"幼儿园'玩耍'运动课程的构建研究"[1]这一课题中，通过实地观察与测量调查，分析了课题研究前后幼儿运动情感和运动能力的变化情感。

①运动情感研究前后数据的对比（四个子维度的数据采集）。

---

[1] 沈红英，李秀平."野孩子"的天空——幼儿园玩耍运动课程的建构研究[M]．杭州：浙江教育出版社，2016：205．

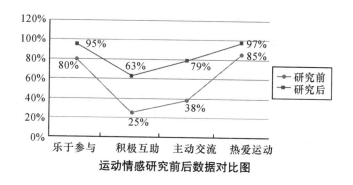

运动情感研究前后数据对比图

②运动能力研究前后数据的对比（幼儿的表现超过指南中平均水平的人数为统计百分比）。

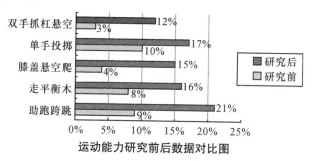

运动能力研究前后数据对比图

显然，有了实地观察与测量调查收集到的数据对比，在解释幼儿的运动情感充分激发和运动能力明显增强时，就有了具体直观的数据支撑，描述课题研究的效果时更具说服力。这正是调查的意义。

## 四、体验科学方法

对于一线教师而言，调查研究的问卷编制、数据采集、结果分析等过程，有着科学研究方法的诸多特点。调查研究就是体验教育科研方法运用、实证研究的过程。因此，调查研究可以作为教师科研能力培养的基本方法。

一是围绕研究主题编制研究工具，如问卷、访谈提纲、测量试题等。

二是数据采集体现客观，有时为了保证测量工具的效度，需要进行多次测试，以调整工具的内容。

三是数据分析的科学性，一般从情境分析、项目分析到指数分析，需要一定的统计测量学理论进行解释。

调查研究因其"数据说话，体现实证"的特点，有助于在研究教育教学问题时，从数据出发进行分析、发现问题，或表征研究结论，体验实证研究的完整过程。以问卷编制为例，设计的过程有着严格的操作程序和科学的删选方法，能使研究者体会到教育科学研究的科学性特征，经历教育科学研究方法的科学研究过程，对发展一线教师的科研素养起着重要的作用。

# 问题28：有哪些适合一线教师的课例研究基本范式？

新课程改革以来，课例研究已经成为一线教师研究教学的重要方式。

所谓课例，是教学所独有的，即课堂教学案例，如同医生的医案、律师的判例。"'课例'是教师直面教学，共同分享的'平台'"，"'课例'研究能增长教师的实践智慧。"[①]课例研究，是以一节课为案例进行分析研究的过程。因为课例研究聚焦于课堂教学，所以对于一线教师而言，更具实用性。课例研究经过一段时期的发展，同样形成特有的研究范式。如华东师范大学崔允漷教授领衔的团队提出的"五部分"研究结构，就是从工作程序上阐述了课例研究的过程。

一般而言，课例研究的实质是思考、解决课堂教学设计中教学内容、教学对象与教学过程等基本要素之间的矛盾问题，需要围绕"教什么""怎么教"与"教得怎样"三个基本问题展开研究设计与实践。对于一线教师来说，课例研究可以有多种功能与形态。本节主要从课例研究作为研究内容与研修方式的角度介绍两种适合一线教师的课例研究基本范式。

## 一、基于前测：把握教学内容与学生经验的融合点，实施有效教学

"教学是一项异常复杂的事务，我们只能在研究考虑了多种因素之后，才能选择最有效的教学策略。"[②]基于前测的课例研究，便是一种收集学情资

---

① 王洁，顾泠沅.行动教育：教师在职学习的范式革新[M].上海：华东师范大学出版社，2007：48-53.

② 崔允漷.有效教学[M].上海：华东师范大学出版社，2009：285.

料，将学生已有的学习经验纳入一节课的教学目标定位、教学策略选择、教学活动设计及教学效果分析等诸多因素的系统思考中，分析与诊断教学过程的课堂教学研究方式。

传统的课堂教学设计与实施中，对学生的学情分析与经验了解主要依赖教师的经验。基于前测的课例研究，则在准确解读学习内容的基础上，设计前测性的习题，对授课学生进行前测，收集相关数据，进行整理与分析，然后确定所教内容的学习目标，设计学习活动与过程，组织教学活动。基本流程可以用"四环节研究结构"表示。

基于前测的课例研究中的"四环节研究结构"，每个环节都有具体的内容，并且需要有扎实的研究活动作支持。

"学情调查"环节，包括教学内容解读、前测问题设计、组织前测活动、分析前测数据等研究内容与活动。教学内容解读是基础，前测问题设计是关键。前测问题设计中，包括"知识的理解"与"技能的掌握"内容的问题或习题，还有"学习方式"或"基本活动经验"的内容。数据分析对后续教学活动设计起着重要的作用。

"教学设计"环节，一则包括基于教学内容解读与学情前测数据分析，重新思考学习目标的定位；二则包括选择相应的学习策略，设计相关的学习活动。

"教学实施"环节，需要有学习进程的调控研究、课堂生成资源的有效利用研究、学习活动的适度调整研究等，以保证课堂教学的顺利进行。

"效果分析"环节，包括诊断学习效果、反思教学策略、提炼一般规律等内容。其中，诊断学习效果，同样可以编制后测问题进行调查，也可通过作业状况进行效果分析。反思教学策略与提炼一般规律基本同步进行，在审思学习活动设计与教学策略选择是否得当的过程中，适度提炼一般规律，从一节课、一个内容的教学上升到一类课、一组内容的学习层面，从而提升教师有效设计与实施教学的能力。

例如，"分数乘分数"课例研究报告的概要：

**研究主题**：运算法则需要"立体"建构①。

**前测调查**：调查内容是计算3道分数乘分数的试题。

**调查结果**：两个班分别有50%和53.8%的学生"会"计算"分数乘分数"试题。计算方法分类统计：用"分子乘分子，分母乘分母"计算的人数占结果正确人数的63.5%，13.5%的学生虽然计算结果正确，但方法是错的。随后对用法则计算的学生进行访谈，了解到没有一位学生能够清楚地解释算理，只是告知是父母所教或者奥数班上老师所教。引发思考：从"形式模仿"到"意义理解"究竟有多远？从以上调查可知，对于"分数乘分数"的运算，学生"会"的只是形式模仿，还没有达到意义理解的层次。

**内容解读**："分数乘分数"算法探究的价值在哪里？在"分数乘分数"的算法教学中，引导学生探究算法背后蕴含的运算意义和数学思想，已经不仅仅是简单地指向掌握计算法则，更多的是激起学生的主动思考，在帮助学生找到理解"分数乘分数"算法支点的同时，促其形成系统、整体的知识结构。显然，这样的教学活动，不仅承载了知识技能的教学，更是承载着思维能力培养的目标。

**策略选择**：学生自主探究"分数乘分数"算法可行吗？算理的理解过程，对于学生而言，还是有相当难度的，这也是需要教师"教"的内容。通过实践，我们发现，引导学生借助情境解读和采用数形结合去分析，是探究"分数乘分数"算法的基本策略。学生对具体情境中某个分数的意义，结合情境或图式来分析还是可行的，因为六年级学生已经具备了画图分析的学习能力。

**教学设计**："分数乘分数"的算法探究过程可以通过三个层次的活动来实现。层次一：利用对具体情境中分数意义的解读，唤起学生对分数意义的认知经验；层次二：引导学生探究算式的意义，沟通"运算意义"与"运算程序"之间的联系；层次三：组织学生进行算法梳理，探究算法的本义，凸显算法探究与算理理解之间相互依存的关系。

**教后反思**：算法是各种运算所展开的程序，算理则是计算过程中每步程

① 费岭峰.运算法则需要"立体"建构——由《分数乘分数》教学引发的思考[J].小学教学设计（数学版），2012（23）：4-6.

序合理性的依据，两者相互依存。完成一道运算习题的计算时，算法是显性存在的，是可以模仿的；算理则是存在于算法背后的依据，具有隐蔽性，却有着相当丰富的探究价值。因此，我们的算法教学不能简单地止于算法，而应该充分让学生体验"算法"和"算理"关系的探究过程，引导学生理解运算的意义，帮助学生建构起"立体"的计算法则，从而培养学生灵活运用法则计算的能力。这便是教师"教"的真正价值。

基于学情前测的课例研究，在材料设计与研究实施上相对简便，因此是一种比较适合教师个体实践的课例研究方式。

## 二、指向共生：解决教学设计与学习过程的矛盾点，提升实践智慧

教师团队是一个充满个性，又需要互相协作、共同发展的群体。教师专业发展，除了需要个人努力之外，还离不开学校、教研组团队的共同学习。我们常说：一个人可以走得很快，但一群人可以走得很远。指向共生的课例研究，正是一种旨在发挥教师群体智慧的作用来研究课堂、教学，在解决实践问题的同时发展教师专业素养的课堂教学研究方式。

指向共生的课例研究，其基本特点是团队协作研究与多次行为跟进，因此在研究过程中，主题的确定、个体的思考、群体的互动及实践的反复等都是推进研究的基本要素。其基本结构可以用"多轮行为跟进结构"来表示（如下图）。

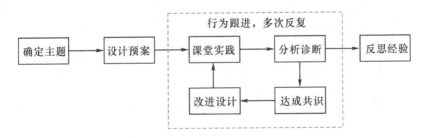

指向共生的课例研究因为是群体的研究，需要明确研究主题，聚焦研究

主题，在此基础上"设计预案"，包括个体设计，分享研讨，然后形成预案。这是后续实践研究的基础。

在此种研究方式中，最有特点的就是"行为跟进，多次反复"环节，这也是体现群体研究优势的环节。课堂实践时，可指定实践者，也可抽签决定实践者；完成实践后，围绕研究主题对课堂教学实践活动进行分析诊断，反思实践效果，找到问题产生的原因，提出改进策略。其间需要形成基本共识，然后再设计、再实践，最终在多次改进、多次实践的基础上，体悟实践策略，内化教学经验。如"基于'三次备课，两轮打磨'框架的课例研究"[1]就是比较典型的指向共生的课例研究。

研究目的：以一节课的研究为例，围绕课堂实践中的某一主题探究某类课的改进过程。

基本过程：计划制订后，执教的老师经历三次备课：一是基于个人已有教学经验的起始性备课，二是教研组成员间同伴互助的协同备课，三是课堂教学后的实践反思性备课；教研组成员围绕三次备课和两次上课，依托相关教育技术手段，跟进开展集体备课、分工观课、课后评议等交流活动。

经验获得：围绕该节课的一系列研讨活动，追踪研究并解决当初锁定的问题，使每个人都获得同伴互助和实践反思后的两次认识提升。同时，课例研究也在基本模式上进行创新，满足不同学校和教师多样化、个性化的需求。

指向共生的课例研究，突出的是磨课研讨，旨在寻找解决教学设计与学习过程的矛盾的方法，所以需要团队的力量、群体的智慧。因此，这是一种比较适合教师群体实践的课例研究方式，可以作为校本研修的基本方式。

---

[1] 朱德江,费岭峰.植根教育实践的多样化研究——南湖区"自主微型研究"优秀成果集[M].嘉兴：吴越电子音像出版社，2018：163-174.

## 问题29：叙事研究与个案研究有怎样的联系与区别？

教育叙事研究与个案研究都是一线教师比较常用的研究方式，两者之间有着密切的联系。叙事研究更多的是从研究文本的呈现方式来定义，即以讲故事的方式，表达自己对教育教学问题的认识与理解，借故事叙述展现问题解决的策略、方法。个案研究则更多的是从研究对象的范围来定义，一般是针对一个人、一件事或一个团队进行有目的、有计划的设计与研究，以发现规律、提炼规律。现就两种研究方式的特点与操作要点作简要说明。

### 一、教育叙事研究的设计与实践

教育叙事研究，讲的是教育故事，揭示的却是故事背后蕴含着的教育道理或教育规律。教育叙事研究以讲故事方式呈现教育生活，对内隐于其中的经验和意义进行浸润本土文化意蕴的解析，使缄默性知识显性化。它体现出四大特征，即"以真实的故事为载体""以经验的分享为取向""以实践的反思为媒介""以意义的建构为目的"。[①]在一线教师的教育科学研究实践中，教育叙事研究不以建构教育教学理论为目的，更多的是借助故事诠释生命体悟，建构教育本身的意义，使教育经验更具人文色彩。

对于一线教师来说，需要厘清教育叙事与教育叙事研究的关系。教育叙事可以"叙教育之事"，也可以"叙教学之事"，着眼于故事本身的生动性与可读性；教育叙事研究则是以教育叙事的形式，研究教育教学问题，思考教育教学策略，发现或形成教育教学经验。因此，教育叙事研究需要设计。实践中，教育叙事研究一般需要从聚焦问题、过程设计、实施研究、资料收集、撰写文本几个板块思考与设计。

---

① 孙智慧，孙泽文.论教育叙事研究的内涵、结构及环节[J].教育评论，2018（2）：36-39.

1.聚焦问题。在一线教师的教育科研实践中,问题的来源主要是教育教学实践,即教师当时当下所面对的问题。因此,在叙事研究的开始,需要梳理、明确、聚焦所要研究的问题。分析问题的性质,是特殊性问题,还是一般性问题;是过程性问题,还是突发性问题。同时,了解问题发生的源头与对象,思考解决问题的基本路径,以便在接下来的工作中尝试解决。

2.过程设计。教育叙事研究关注的一般是特殊性、过程性问题,需要长期地实施干预、影响才能予以解决或改善。因此,其实施研究的过程需要有目的、有计划地推进。研究活动设计与开展需要考虑主题的延续性和目标的一致性,研究活动的推进需要在可控范围内有序进行。

3.实施研究。按照研究计划对研究对象进行实际的干预或影响。

4.资料收集。这个过程事实上与实施研究可同步进行,在实施行为干预的同时,及时记录行动的过程和反思的问题,收集印证研究成效的材料,为后续整理成果积累丰富的第一手资料。

5.撰写文本。即撰写叙事研究报告,一般包括故事的缘起、发展及结局。当然,文本不是记流水账,必须用明确的主题将复杂、流变的故事统摄在结构之中,挖掘事实背后的深层喻义。[①]同时,需要注重故事发生发展中的细节描写,以增强故事的生动性,体现故事的真实性。

我们来看一份教育叙事研究报告:"我们的评改日记——小学高段习作'班与班'互评探索"[②]。

故事缘起:传统的习作评改方式单一。六年级学生已有了一定的习作评改能力,学生平时对隔壁班级的情况颇有兴趣。

故事展开:聚焦于4次活动。

初次评改:2014年10月10日,"孩子们把这次班级互评搞成一场没有硝烟的、混乱的战争"。思考的问题是,"老师又该采取哪些有效措施来进行指导呢?"

---

[①] 孙智慧,孙泽文.论教育叙事研究的内涵、结构及环节[J].教育评论,2018(2):36-39.
[②] 朱德江,费岭峰.植根教育实践的多样化研究——南湖区"自主微型研究"优秀成果集[M].嘉兴:吴越电子音像出版社,2018:32-40.

再次评改：2014年10月23日，强调"点赞"，突出发现"亮点"。"孩子们将同学习作中的好方法自觉地借鉴到自己的作品中，这是平日里老师再三强调却无法达到的效果。"

三次评改：2014年11月18日，主题是"让学生当一回老师，一对一指导习作的修改"。隔壁班的某生"发现小香介绍了好朋友的两个特点，但是却不会很好地运用这两个特点，使文章更为通顺"，为此他提出一个有效的建议……

四次评改：2014年11月19日，展示互评成果，表达感谢。学生自主评比"最佳习作奖""最佳评语奖""最佳进步奖""最佳小先生奖"等奖项。

故事结语：班与班之间的习作互评，激发了学生的习作兴趣，充分发挥"师生"双方在互评中的主动性和创造性，体现了语文课程的实践性和综合性特质。

## 二、教育个案研究的设计与实践

个案研究也是一种比较受科学研究人员喜欢的研究方式，最大特色是针对单个事物的研究。有学者对近十年来我国教育研究成果使用方法进行统计发现，"在质性研究中，个案研究方法居多，占64.7%"[①]。通过嘉兴市数字图书馆的文献搜索，确定"学术文章—期刊—个案研究—文化、科学、教育"的搜索范围之后，可以搜索到的近五年个案研究的文章数量如下。

| 年份 | 2014 | 2015 | 2016 | 2017 | 2018 | 合计 |
| --- | --- | --- | --- | --- | --- | --- |
| 篇数 | 253 | 172 | 147 | 111 | 137 | 820 |

以下是一些颇具代表性的个案研究报告题目：
《自闭症儿童家庭支援的个案研究》，《中小学心理健康教育》，2018（16）；
《基于知识地图的新手教师微培训的个案研究》，《教师教育研究》，2018（1）；
《初中教师的数学推理信念：个案研究》，《中小学教师培训》，2019（1）；

---

① 姚计海，王喜雪.近十年来我国教育研究方法的分析与反思[J].教育研究，2013（3）：20-24.

《基于校训的校本课程开发个案探究》,《课程·教材·教法》,2018(10)。

从这些研究报告的题目来看,无论是以个人为对象的个案研究,还是以某个团队为对象的个案研究,还是以某个事件为对象的个案研究,作为一种研究方法,我们领略到个案研究在教育领域广泛应用的风采。

在教育领域,进行个案研究即是通过对某一典型的教育教学案例进行持续观察或干预,从而发现影响教育对象或要素变化的有效因素的研究活动。个案研究最基本的特征是:具有典型性,不具有代表性。即"个案最大限度地可以体现出某一类别的社会现象之共同属性","却不是依照假设和变量来操作的,所以也不是总体的样本"。[①]因此,个案研究的结论,更多的是获得一种启示或认同。

与一般的教育科研方法相同,个案研究同样需要有计划、有方案。研究设计一方面起到组织、指导的作用,另一方面也可以作适当的调整与完善。其一般由研究对象与问题(研究背景说明)、研究目的与重点、研究的步骤和内容与方法、研究的预期成果等部分组成。

我们来看一份个案研究报告的基本内容:基于知识地图的新手教师微培训的个案研究[②]。

①问题的提出:微学习也因时间零散、碎片化等特点,影响学习者的认知结构,尤其是高阶知识的学习。为了更好地支持教师在线培训和个性化学习,弥补微培训面临的上述问题,本研究将知识地图工具与教师微培训相结合,并以个案研究的方法探讨该学习方法下新手教师培训的效果与特点。

②知识地图的相关研究:知识地图作为一种认知工具,有助于解决教师微培训中存在的知识结构碎片化、不易形成知识体系、知识遗忘快等问题,从而帮助教师建立较全面和稳固的知识体系,提升培训效果。

③研究设计:研究对象,两人(1人教龄1年,1人教龄3年);研究环境,两部分(一是微培训课程的设计与开发,二是知识地图工具的设计与开发);

---

① 渠敬东.迈向社会全体的个案研究[J].社会,2019(1):1-36.
② 马宁,何俊杰,赵飞龙,李晟.基于知识地图的新手教师微培训的个案研究[J].教师教育研究,2018(1):56-63.

研究方法与工具：个案研究为主，辅以访谈、观察等方法，工具包括学习记录表、概念图评价指标体系、定量分析工具。

④数据的获取与分析：学习路径的获取及分析；概念图的评价与分析；访谈的分析。

⑤讨论与结论：知识地图有助于定位知识点，减少学习者的迷航现象；有助于提升在线个性化学习的序列化程度；有助于提升微培训中的知识结构化程度。

从以上个案研究的方案设计与研究报告的内容板块要求可以看出，在教育领域实施个案研究，制订完善的研究方案是基础，同时需要严谨、扎实地按照方案进行研究，并作好资料的收集，才能形成高质量的研究报告。

## 问题30：一线教师适合做怎样的实验研究？

教育实验是判断教育现象中因果关系的基本研究方法。因在研究过程中对变量的控制要求比较高，需要控制无关变量，有目的、有计划地操作自变量，最终通过因变量的变化来看自变量与因变量之间的因果关系，研究设计相对比较严谨，所以一线教师往往望而生畏，很少涉猎。然而，教育实验中，因为有了对变量（即教育各因素）之间关系的研究，能够更加准确地发现影响学生学业成绩提升、素养发展的相关因素，从而更加精准地找到解决问题的办法。因此，一线教师做教育实验研究有着重要的价值。

那么，一线教师适合做一些怎样的教育实验研究呢？我们先来看看教育实验到底有几种类型。对于此，在由裴娣娜教授等主编的全国高等教育科学考试教材《教育科学研究方法》中有七种分类方法，其中"按实验研究的目的"分为确认性实验、探索性实验和推广、验证性实验三类；"按实验控制程度"分为前实验、准实验和真实验三类。[1]在这两个维度划分中，如果从"按实验研究的目的"来看，一线教师更适合做确认性实验研究；如果从"按实验控制程度"来看，一线教师更适合做准实验研究。

确认性实验的主要目的在于"确认所研究的对象是否具有研究假说内容的基本特征"，研究问题来自实际，可以直接在现场情境中进行，操作程序相对开放，效度不一定高。"准实验"是指不能随机分派被试者，不能完全控制无关变量的实验，其"直接以原教学班作为实验组或对照组"的特点比较适合一线教师操作。

教育实验研究一般由实验设计、实验实施、数据分析、形成结论、撰

---

[1] 裴娣娜，郭华，刘志军.教育科学研究方法[M].沈阳：辽宁大学出版社，1999：167-168.

写报告五个部分组成。其中，实验的设计环节是整个实验得以顺利实施的基础，需要做好许多工作，如确定研究主题、提出研究假设、明晰实验的目的、确定结构框架、选择实验对象、确定相关变量的属性、确定实验类型、制订实验方案。

例如，"初中生自主学习的课堂教学实验研究"的准实验设计如下。①

（一）研究内容

自主学习课堂教学改革的主要内容是创造以提前预习、小组讨论、展示分享和评价反馈为主的教学模式，即"提前预习—合作研讨—自我展示—评价强化"（以下简称"预—研—示—评"），具体到不同的课型可以有所变化。

研究目的：一是探索"预—研—示—评"自主学习课堂教学模式的现实可行性；二是提高学生学业成绩；三是提高学生的自主学习能力、自我效能感、自尊和幸福感水平，改善师生关系。

（二）研究假设

"预—研—示—评"自主学习课堂教学模式具有可行性，通过此课堂教学模式的改革，能够提高学生学业成绩、自主学习能力、自我效能感、自尊和幸福感水平，改善师生关系。

（三）研究方法与设计

主要采用"准教育实验法"，在内蒙古一所初中选取七年级学生（所有学科教师参加教学实验，时间为1年）进行课堂教学改革实验。在不影响教学常规的前提下，选取比实验班起始水平略高的另一所学校七年级学生作为对照班。实验开始前，实验班和对照班学生进行学习成绩的前测。课堂教学改革实验后，实验班和对照班学生都进行学习成绩的后测。

自变量：采用"预—研—示—评"自主学习课堂教学模式开展课堂教学活动。

因变量：学生学业成绩、自主学习能力、自我效能感、师生关系、自尊、幸福感。

---

① 单志艳.初中生自主学习的课堂教学实验研究［J］.中国教育学刊，2015（1）：78-83.

（四）测试工具

主要研究工具为调查问卷。

一是自编初中生自主学习的课堂教学实验研究《自主学习能力问卷》。该问卷共六个维度，其内部一致性信度在0.7785—0.929，GFI、CFI、NNFI的值在0.82—0.88，RMSEA的值为0.06。

二是自编《师生关系问卷》。问卷内部一致性系数为0.7452。

三是自编《一般自我效能感问卷》。《一般自我效能感问卷》采用平特里克（Pintrich）等人编制的"学习动机策略问卷"中的"自我效能感分量表"，应用时进行一些修改。问卷的拟合指数NFI、RFI、IFI、TLI、CFI均在0.98以上，RMSEA=0.078，构想效度较好。该量表内部一致性系数为0.87。学业自我效能感的题目为语文、数学和英语自我效能感题目中各一个。

以上三个问卷均为利克特（Likert）量表6级记分。

四是自编《自尊量表》。根据罗森伯格（Rosenberg）1965年编的《自尊量表》修改而成。量表信度在0.77—0.88。

五是自编《幸福感指数量表》，包括总体情感指数分量表和生活满意度分量表。根据坎贝尔（Campbell）等于1976年编制的量表进行一些形式上的修改。总体情感指数分量表权重为1，生活满意度分量表权重为1.1。效度指标上，总体情感指数与生活满意度的一致性为0.55。

选择恰当的实验设计，是保证一个实验有效实施的基础。在测试工具量表的编制与应用中，有一定的统计说明为评价分析提供了得出科学结论的基础。

教育教学实践中，确认性实验和准实验研究的被试选择、编组等可以采用原教学班作为实验组与对照组，使实验操作程序相对开放，实验中对变量的控制不是太严格，为一线教师研究教育教学问题提供便利，乐于接受、采用。

特别是在教学某个知识点时，可以设计教育实验研究，探索发现对学生学习某类知识产生影响的关键教学策略等因素，以利于提炼推广这种教育教学方法。

例如，一位教师所做的"'扇形面积'教学中两种教法的比较实验"[①]的实验研究过程如下。

(一) 问题提出

研究的问题：从研究教师的"教"走向研究学生的"学"，如何发挥学生"学"的主动性，培养学生的自主学习能力。

研究的内容：用"讲解法"和"实习作业法"，比较：(1) 几何初步知识的教学内容采用"讲解法"和"实习作业法"有无不同效果；(2) 探索哪一种教法更有利于培养学生能力，激发学生自己去探究知识。

研究的过程：1983年11月，对上海师资培训中心部分学员进行第一次比较实验；1984年11月，在本区进行第二次比较实验。

(二) 实验方法

1.被试组确定。采用等组实验。

第一次实验，两位老师分别执教，一位教龄5年，一位教龄4.5年。实验前，对两班学生作先期测验。根据测验成绩，按照等组原则，随机决定参加实验的学生，每班各25人。

第二次实验，由同一位老师执教两个班。实验前对原六年级两个教学班学生进行先期测验。根据测验成绩，按照等组原则重新分班，随机决定实验班和对照班，参加实验的学生每班各30人。

2.教材内容：全日制十年制学校小学数学课本第九册第五章第四节"扇形面积"。

3.实验时间：第一次实验，1983年11月28日到12月3日；第二次实验，1984年11月26日至12月1日，全部安排在6节课内完成（其中第6教时是效果检查）。

4.操作方法：实验班采用实习作业法，对照班采用讲解法。

(1) 新授课。

实习作业法：从实物（实例）引进—学生实践活动—在教师指导下帮助学生理解概念（或引导学生自己得出公式）—练习（实习作业）—集体讲评

---

[①] 梁镜清.小学数学教育学[M].杭州：浙江教育出版社，1993：333-339.

（加深理解概念和公式）—再练习—学生总结。

讲解法：教师讲解—练习—教师初步小结—再练习—教师讲评—教师总结。

（2）练习课。

实习作业法：复习旧知识—学生实践活动—在教师引导下，帮助学生巩固、深化、发展获得的知识—练习（应用于实际）—集体讲评—再练习—学生总结。

讲解法：复习旧知识—练习—教师讲解—练习—教师讲评—再练习—教师总结。

（三）实验结果（略）

（四）分析与讨论（略）

以上围绕某个知识点教学的教育实验研究，因内容聚焦，实验时间相对集中，容易对实验变量进行控制，自变量与因变量的设定也相对比较容易。因此，一线教师是可以设计研究的。类似的教育实验研究还有张肇丰、李丽桦主编的《课堂改进的30个行动》中的"从测评差异看教学目标的达成"[1]，同样是围绕三年级两个平行班开展"几分之一"一课教学的对比实验，分析在两种不同的教法下，学生知识与技能、思想与方法及情感态度与价值观三维度目标的达成效果。有兴趣的读者可查阅相关文献，进行学习。

---

[1] 张肇丰，李丽桦.课堂改进的30个行动［M］.上海：华东师范大学出版社，2011：3-11.

# 问题31：一线教师需要做文献研究吗？

文献研究是指围绕某个主题，有目的、有计划地搜集相关文献资料，通过对文献内容的阅读、研究主题的分析，形成一定的科学认识的研究实践活动。其目的主要在于发现前人对相关规律的认识，或者归纳相关规律与理论的发展过程，以指导实践。从文献研究的定义可以看出，其有两个基本特点：一是更多地从文献资料的研究中认识理论，发现规律；二是其基础需要有大量的文献资料作准备。正是文献研究这两方面的特点，使得一线教师对文献研究有种偏见，认为文献研究主要是大学教授或专业研究者运用的研究方法。

一线教师需要做文献研究吗？能做文献研究吗？如果能，又该做些怎样的文献研究呢？本节结合一些实例，就这几个问题谈一点想法。

## 一、一线教师需要做文献研究吗？

一线教师的主要任务是做好日常教育教学工作，着眼于教育教学实践。但为了提升自己的专业水平和业务能力，对教育教学的研究也是必不可少。教师教育科研课题的选择路径之一便是学习，在学习阅读的过程中，发现研究点，确立研究课题。"一个人的智慧总是有限的，所以我们进行教育改革和教育科研，就有必要做文献资料研究。"[①]

文献研究是一线教师关注学科教育教学发展的需要，也是教师进行课题研究的需要。研究教学，探索解决教学问题的策略方法，需要从实践出发去思考，也需要站在前人的肩膀上，以前人的智慧孕育自己的实践智慧，以前

---

① 张肇丰.撰写文献综述的几个要点[J].当代教育科学，2012（22）：55-57.

人的思想成就自己的思想。文献研究因需要涉猎比较多的资料，需要对相关资料进行比较深入的阅读与体会，这对教师了解某个领域的研究内容，把握该领域的发展方向，有着重要而有效的作用。一位教师如果能够关注一本学科专业杂志，时常阅读杂志上刊发的文章，相信通过一两年的学习，对该学科的研究会有整体的把握，这对他选择研究点，进行深入的实践研究是极其有利的。

## 二、一线教师可以做怎样的文献研究？

在教育教学实践中，教师实践文献研究的方式有很多，以下结合实例介绍几种比较实用的方式。

### （一）泛在的文献研究

一线教师的教育教学实践活动中，除了关注学生的日常学习生活、整体素养培养，最基本的是每位教师都会教一门学科。因此，了解本学科的发展状态，把握学科研究热点，也是一线教师一项基础而又重要的工作。

泛在的文献研究，一类是不定范围地收集资料，以全方位了解某一学科教育教学发展状况的文献研究。比如自2007年开始，张良朋和邱学华两位老师就通过对每年小学数学教育有关文献的收集、梳理，然后归纳出七八个热点问题，进行客观介绍和分析。"这项工作一做就是十年，从中可以看出中国小学数学教育发展道路上的足迹。"[1]这类文献研究，一般涉猎面比较广，对于一线教师而言相对困难。

一类是可以基于某本杂志的归类研究。比如人大书报资料中心《小学数学教与学》的编辑蒋澍所做的"小学数学教育教学研究年度综述——基于2014年《小学数学教与学》论文转载情况分析"[2]研究，就杂志某一年度刊发的文章为研究对象，进行归类解读，以评论这一年小学数学学科的讨论热点

---

[1] 张良朋，邱学华.小学数学热点问题指津[M].福州：福建教育出版社，2018：3-98.
[2] 蒋澍.小学数学教育教学研究年度综述——基于2014年《小学数学教与学》论文转载情况分析[J].2015（4）：3-6.

与相关成果，为一线教师提供了极其有价值的学习资料。类似这样的文献研究，一线教师是可以尝试去做的。如今，学科教育类杂志有很多，一位教师如能关注其中的一本，然后作深入阅读与研究，肯定会有不小的收获。

（二）围绕主题的文献研究

教育科研课题研究在选题与制订方案时，需要研究者做相关的研究综述。因此，围绕某个主题进行文献研究也是一线教师最需要、有可能进行的研究。如一位教师撰写的《近年来非连续性文本研究文献综述》[①]一文，便是围绕"非连续性文本"这一主题撰写的文献研究成果论文。作者以"非连续性文本""非连续文本""间断文本"为关键词在中国知网、万方数据库对近十年的相关文献进行检索，对自2012年至2014年出现的245篇以"非连续性文本""非连续文本"直接命名的文献进行研究，发现这些文章主要集中在概念认知、试题解析、阅读教学三个方面，然后重点围绕这三个方面作具体展开、深入分析。以下是研究报告的框架结构。

一、研究的背景
二、非连续性文本认知研究
（一）非连续性文本概念研究
（二）非连续性文本类型研究
（三）非连续性文本特点研究
三、非连续性文本试题研究
（一）非连续性文本命题意图研究
（二）非连续性文本试题设计研究
（三）非连续性文本解题技巧研究
四、非连续性文本阅读教学研究
（一）非连续性文本阅读策略研究
（二）非连续性文本阅读教学策略研究

---

① 潘红.近年来非连续性文本研究文献综述[J].上海教育科研，2015（10）：40-44.

五、研究趋势及讨论

（一）非连续性文本认知"学科化"

（二）非连续性文本教学"教学化"

（三）非连续性文本研究"系统化"

从报告的提纲可以清楚地看到，这位教师通过文献研究，对"非连续性文本"的概念、试题及阅读教学等有了比较全面的了解。如果想继续深入研究"非连续性文本"的相关问题，可以为选题和确定研究操作点提供相当重要的参考依据。因此，对于一线教师来说，在研究某个课题前，做好围绕主题的文献研究是更好地"站在别人肩膀上"的方法策略。

（三）就一节课的教学进行文献研究

对于一线教师来说，就某节课的教学进行相关文献研究，也是文献研究的一个有效切入点。一些经典课例，在不同的时间段都有名师在研究、作展示。一线教师如能围绕某节课，收集到不同时期名师的课堂演绎，然后作相关研究分析，无疑也是一种很好的文献研究方式。这是以历史的角度看某节课的发展，对于教师自身的专业成长有很大的帮助。

浙江省名师名校长培养计划的"5522工程"中，小学数学名师团队在导师吴卫东教授的带领下就做过以"小学数学典型课示例——历史视角下的研究"为主题围绕某节课进行文献研究。如"商不变性质"这一内容，有教师就选取了"四省市教材"时期、"省编教材"时期与"新课程实验教材"时期同一内容的教学设计进行比较分析，从而提炼出新课程理念下对这一内容的基本教学思想与教学策略，供一线教师学习、借鉴。

事实上，就一节课的教学活动进行深入研究，如今比较有影响力的是著名特级教师朱乐平老师带领下形成的"一课研究"模式。虽然在呈现的许多课例中质量差异较大，但总体而言，参与"一课研究"的老师在研究一节课时经常会用到文献研究的方式，能够比较全面地了解这节课从内容到教学方法的发展状况。

## 三、一线教师做文献研究的注意点

文献研究同样需要有计划、有方案，一般会经历主题确定、方案设计、查阅文献、归类整理、撰写报告等几个步骤。在研究过程中，还需要把握以下三个注意点。

一是相关文献的全面性与代表性。保障文献研究质量的基础当然是文献的质量。因此，检索文献时，首先尽量使用一次文献或二次文献，一般不用三次文献。其次，在全面收集文献的基础上，选取代表性文献作为分析研究的材料。

二是需要对文献作相应的归类。分析时，尽量清楚地标明文献的时间点，能比较准确地反映某个时间段这些文献研究的重点与成果。比如有研究者在呈现的研究报告中很明确地标明了时间节点：《我国职业教育领域一体化教学模式研究文献综述——基于2006—2015年研究文献的统计分析》。

三是文本表达同样需要结构化，构建框架安排素材；行文时，需要做到有述有综，适度地归纳提炼，这也是文献研究报告撰写的基本要求。好的文献研究报告，"自有其丰富的原创性和独特的学术价值"[①]。一线教师做文献研究虽然不是为了形成自己的理论，但同样可以从文献研究的过程中丰富自己的经验，形成自己的思想。

---

① 张肇丰.撰写文献综述的几个要点［J］.当代教育科学，2012（22）：55-57.

## 问题32：在日常教学活动中如何运用教学微调查？

微调查，是相对于严格意义上的调查研究而言的。与一般的调查研究相比，微调查的调查范围较小，调查手段简便易行，调查材料简洁，数据分析简单及时，突出实用性。教学微调查是指围绕教学实践中的某个问题采用简易的问卷或小型的访谈等方式进行的小范围调查研究。比如，执教一节课之前，想要了解学生对相关内容有着怎样的认知经验？学习起点在哪里？学习这部分知识的难点可能会出现在哪些地方？等等，教师以往只是凭着已有的经验分析与判断具体问题，如果改用问卷测试或者微型访谈等方式，对教学对象进行小调查，搜集源于教学对象最直接的信息资料，然后基于相应的数据作出分析与判断，便能更加有利于教师准确地把握现时这部分学生的学习基础，找到落实教学重点、突破教学难点的方法措施，提高课堂教学效率。显然，基于教学微调查的课堂教学实践，很好地体现了教师对课堂教学从经验层面走向实证层面的理解和思考。

当然，教学微调查除了适用于了解不同学科中学生的学习基础之外，还常常用于了解学生学习过程中的思维变化状况，或者对一节课中某个教学环节甚至整节课教学效果的客观分析与思考，还可作为了解学生个体在某学习活动中的学习状态及效果的方式。因此，对一线教师而言，教学微调查在实际的课堂教学中有着重要的实践意义，已经被他们认同和采用。以下结合小学数学一年级"加法的初步认识"一课，来谈谈实施一次完整的教学微调查需要做的工作。

### 一、分析知识要点，确定调查内容

"加法的初步认识"是人教版小学数学教材一年级上册的内容，安排在"1~5的认识"之后教学。从教材编排顺序来分析，学生在认识加法前已经认识了"10以内"的数,对1~5各数的大小、关系有了一定程度的理解;又通过对幼儿园教材的了解发现,幼儿园的教材中已经出现了加法和减法,并要求孩子能够进行一些简单的加法计算;在一些配套的活动手册中,甚至出现连加的试题。显然,一年级的学生在学习"加法的初步认识"这节课前,对加法并不陌生。

那么,作为了解学生学习基础进行的课前调查,要确定怎样的调查内容,既能够准确反映学生的学习基础,又能让调查过程简便、易行呢?由此,我们思考,关于"加法",对于一年级新生来说,他们"会的"是什么?"不会的"又是什么?对于"加法"运算意义的理解是否有基础?特别是后一个问题,是教学"加法的初步认识"时关系到教学目标定位和教学过程设计的重要问题。这是我们调查中必须把握的关键问题,也是我们实施调查的具体内容。

## 二、设计调查活动,落实调查过程

调查活动的设计是规划调查内容和调查进程的重要工作。作为微调查,调查活动不易复杂,只需完成相应的调查任务即可。有了前面对调查内容的明确,实施"加法的初步认识"课前调查时,我只设计开展了两个步骤的调查活动。

首先,对全班学生进行问卷测试。测试内容为"计算8道加法试题:1+4、2+3、4+1、3+2、6+3、4+5、5+3、3+7"。其中4道为"5以内"(0除外)加法试题,3道为"10以内"的试题,1道只限于满十"进位"加法,目的在于了解孩子"10以内"加法的计算基础。

接着,随机选取一个大组学生(11人)进行微型访谈,提出两个问题:问题①,果树上原来有3只小鸟,又飞来2只,现在果树上一共有几只小鸟?这个问题请学生口头列出算式;问题②,请学生说说4+1表示什么意思?可举例说明。第一问根据情境列式,了解学生对"加法"作为一种运算与具体生活情境是否建立起了初步的联系。这是孩子认识加法、初步理解加法运算意义的基础,体现了加法的初步认识的第一个层次水平;第二问说算式的意思或举例子,旨在了解加法作为一种抽象的数学模型。学生能否进行相应的解构,这是学生理解加法运算意义的又一层次水平,其间不仅需要有归纳概括思想作基础，更需要有演绎解构能力作支撑。

两个步骤的工作完成后，随即对相关材料进行整理。

## 三、分析调查结果，提出教学建议

对课前微调查结果的分析，意在为设计有针对性的教学实践活动提供实证性支持。因此，统计和分析调查数据时，更多关注学生的认知状况。

如8道问卷测试题，不但需要知道"全班44位被测学生中41位学生全部正确，满分率达93.18%"这个数据，更需要关注3人的错误情况：3人各错1题，一人错2+3这题，答案为7；一人错4+5这题，答案为10；一人错3+7这题，答案为8，分别属于"5以内""10以内""进位"加法的范围，无典型错误，说明学生已基本会算"10以内"的简单加法。同时，还了解到在实际计算中，最快完成的学生用时为15秒87，前10位学生完成时间均不到20秒，超过60%的学生在30秒以内完成，只有4位学生用时超过1分钟，最慢孩子用时1分48秒。这表明大多数学生在学习"加法的初步认识"之前，对"10以内"的加法计算已经达到熟练程度。

对第二部分两个问题的访谈数据整理为：问题①，会列出算式的有6人，占被测学生总数的54.5%；不能列式的5人，占总数的45.5%。问题②，不但能举例说明，还能清楚表达出算式意思的有1人，占被测人数的9.1%；能举例说明的1人，也占被测人数的9.1%；其余9人均不能说明，占被测人数的81.8%。显然，学生在对加法意义的认识和理解上，差异较为明显，且大多数学生不清楚"加法"作为一种运算承载的意义及价值。

调查结果表明，一年级学生对加法的认识"会的"只是停留于机械运算层面，对运算意义的理解及价值的认识尚未建立，这正是这节课中需要教师"教"的内容。于是，我们在教学中明确，前半节课重点引导学生从"境"到"式"，经历加法模型的产生与提炼过程；后半节课则重点关注从"式"到"境"，体验加法模型的应用与解构过程，从而为学生理解和掌握加法运算意义提供更多的帮助。

## 四、课后再次调查，反思教学成效

"加法的初步认识"一课教学后，因为需要对课堂教学效果作出客观分析，我们对课前被访谈的一组学生再次进行访谈。访谈内容仍为课前的两个问题。这次的访谈结果如下：第一问，11位被测学生已经能全部列出算式；第二问，8位学生已经能够对算式4＋1进行举例说明，达到被测学生总数的72%，只有3位学生还不太会。

安排在课后的教学调查，其目的一般有两个：一是了解学生的整体学习状况；二是反思教学过程的设计是否恰当。如后测结果显示，学生已经对加法有了新的认识，他们观念里基本建立了加法与相关情境间的联系。加法已经不仅作为习题，而是作为一种解决问题的工具和数学思考模型为学生所认识。这表明，根据课前调查研究所得，在课堂教学中设计的教学过程及采用的教学方法还是比较有效的，很好地帮助学生完成相应的学习任务，达成课前预定的教学目标。

我们已经知道，教学微调查的目的更多地在于为课堂教学设计的针对性和课后反思评价的客观性服务。因此，为了让教学微调查能够更好地突出以数据说话，强调实证，真正为一节课的教学实践提供支持，还需要把握以下三个操作要点。

一是调查内容确定突出针对性。比如，如果想了解学生在学习某个知识点时的思维状况，需要围绕这个知识点的变化过程确定调查内容，以便通过调查了解到学生在知识发生发展过程中的思维变化状态。如果想了解学生在学习一节课前的认知经验，为整节课教学设计作准备，则需从一节课的教学重点、难点确定调查内容。

二是调查活动设计把握科学性。微调查活动要保证结论的科学性，首先须保证调查过程的科学性。比如对象选取的代表性、材料应用的简洁性、调查方法的可行性、内容设计的层次性等，都需要在调查设计时系统考虑。

三是调查数据分析体现实证性。课前调查帮助教师以学生的现实起点为依据设计出合理的教学过程，数据分析为提出教学建议和思考教学设计服务；课后调查的目的在于分析教学效果，反思课堂教学过程，改进教学设计。因此，教学微调查中的数据分析应该客观，重事实分析，突出实证性。比如，想说明学生对某个知识点的理解和掌握情况，不能仅仅定性描述，而需要在定性分析和定量分析相结合的基础上得出结论，充分体现课堂教学实践的实证味。

# "文献研究"报告示例:

## 真问题驱动:跨领域的PBL学习研究述评[①]

### 东北师范大学南湖实验学校 马晶

【摘要】PBL作为一种跨领域、基于现实情境中真实问题的学习方式,成为传统课堂教学的重要补充,在国内引起广泛的关注。近年来,PBL的研究主要包括概念界定、教学模式、教学设计形式、问题与对策及评价体系五个维度。在综合国内对PBL学习研究的基础上,提出研究新动向及实践新思考。

【关键词】PBL学习;项目学习;综述研究;动向探讨;实践思考

PBL是近期在我国兴起的一种跨领域、基于现实情境中真实问题的学习方式,成为传统课堂教学的重要补充形式,并产生了极大的影响。对PBL的研究成果进行梳理与总结,不仅能丰富对已有PBL的认知,也能在此基础上寻找到新的研究方向,从而提升学生跨领域的学习力。

### 一、源于学科分而学之,学生综合能力弱

传统教学中的分科教学,执教者通常以单学科学习能力为终极目标,人为设置虚拟或处理过的问题情境。学生面临现实中的真问题时,往往手足无措,综合解决问题的能力薄弱。为了突破这一瓶颈,近期国内教学改革的热点之一为PBL项目式学习、STEAM课程……

---

[①] 此文献研究报告获浙江省嘉兴市南湖区2018年度教育科学研究"自主微型研究"成果一等奖。

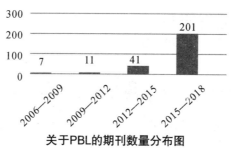

**关于PBL的期刊数量分布图**

从图中可以发现，自2015年开始，我国关于PBL的研究文献数量有了明显的增长，研究内容主要是关于PBL是什么、如何实施及怎样评价。本文从PBL的概念、教学模式、教学设计形式、问题与对策及评价等方面，综述已有研究，深入了解PBL的相关内容，以促进PBL的有效实践。

## 二、PBL相关综述，厘清源头

PBL作为一种新型学习方式，关于它的概念、教学模式、教学设计形式、出现的问题与对策及评价体系是众多研究的主要关注点。

### （一）PBL概念界定

关于PBL（project-based learning），各学者意见不一。有人认为，项目式学习属于建构主义学派的一种方法[①]，它将某一专业领域的理论知识和实践结合在一起，以设计制作具有工程背景的作品或产品为具体教学任务，依据所学专业、知识掌握情况、设计和实践等能力，将学生分成若干项目组，或各小组根据自身兴趣设计适合自己的项目。也有人把以课程标准为核心的"项目学习"（standards focused PBL）描述为一套系统的教学方法，是对复杂、真实问题的探究过程，也是精心设计项目作品、规划和实施项目任务的过程，在这个过程中，学生能够掌握所需的知识和技能。[②]还有人认为，"项

---

[①] 陈巍，陈国军，郁汉琪.建构主义理论的项目式教学体系构建[J].实验研究与探索，2018，37（2）：183-187.

[②] 巴克教育研究所.项目学习教师指南——21世纪的中学教学法[M].北京：教育科学出版社，2007：4.

目式学习"是指教师依据课程标准，综合考虑学生的经验设计驱动问题，引导学生运用已有知识经验浏览相关资源，确定主题和子问题，开展主题探究活动，通过精心设计最终作品，展示探究成果。[1]

由此可见，学者们并没有统一的共识，但通过关键词分析，可以发现聚焦在以下核心：基于问题的、基于项目的、基于案例的、基于讨论的、基于协作的等，所以本文在理解PBL时主要参考基于项目的项目式学习，即PBL主要是基于真实的问题情境，通过项目和案例，引发学生通过小组合作学习与讨论，在合作过程中解决跨领域问题的学习能力。另外，分析以上学者对PBL的界定，虽然阐述不尽相同，但均体现出PBL学习的共同要素，从常规教学来说，PBL就是学习者针对某个具体感兴趣的学习项目，合理利用学习资源，解决与项目有关的问题，在学习过程中，以学生为中心，从解决问题中获得较为完整而具体的知识，形成专门的技能并获得持续性发展。

### （二）PBL 教学模式的研究

教学模式是任何一种学习方式的主要抓手，只有通过适切的、有效的教学模式，才会使PBL落到实处，发挥促进学生综合发展的效能。关于PBL的模式，国内诸多学者有过研究，主要倾向于三种模式：第一种，把项目式教学体系分为准备阶段、实施阶段、评价阶段及归纳总结四个阶段。[2]第二种，选定项目主题—确定驱动任务及项目成果—设计项目活动—制定项目活动—制订项目评价方案—实施项目任务。[3]第三种，在第二种的基础上，突出协作探究、创作作品、展示作品和评价与修改几个步骤[4]，凸显学生的主观能动性。

不难看出，PBL的教学模式主要包括项目设计、项目实施、项目评价三个最重要的环节。本文比较认同吴文成、李元政的"七步学习法"项目选

---

[1] 李玉霞，田科.国内项目学习现状与发展刍议[J].江西教育，2013（11）：9-10.

[2] 陈巍，陈国军，郁汉琪.建构主义理论的项目式教学体系构建[J].实验研究与探索，2018，37（2）：183-187.

[3] 郝玉怀，薛红霞，马胜利.以项目学习促进学生数学核心素养发展[J].教学与管理，2018（19）：61-63.

[4] 马宁，赵若辰，张舒然.项目式学习：背景、类型与核心环节[J].中小学数字化教学，2018（5）：24-27.

取—资料收集—思维碰撞—方案确定—项目实施—项目评价—辐射推广[①]，即第三种模式。因为PBL强调以学习者为中心，将其运用到学科教学中有利于学生综合能力的培养。七步学习法能够将PBL教学模式与实际教学环境相结合，是实施好项目教学至关重要的一步，也是将PBL教学的优势发挥到最大的有效路径之一。

### （三）PBL教学设计的研究

PBL作为一种教学模式，在宏观上应依托课程标准和创新人才培养要求，微观上则应根据不同学科、不同学段及不同教学目标而设定，整体遵循以人为本，赋予学生更多的自主性，注重在解决问题过程中学生之间的分工与合作，以及在合作互动过程中所习得的知识与能力的提升。

多数PBL教学设计的研究主要涉及三个方面：首先，涉及单元及学期整体目标的设计。项目学习是一套系统教学法，它是对复杂、真实问题的探究过程，也是设计项目任务、规划并实施、精心制作项目成果的过程，在这个过程中，学生能够掌握所需的知识和技能。[②]其次，涉及课程标准和创新人才培养要求。它认为可以在混合式学习理念指引下开展三种类型的项目式学习探索，分别是：基于学科某一知识点或主题的深入探究、学科内知识的统整与延伸以及跨学科的问题解决。这三种类型的项目式教学设计，既可以帮助教师实现基础学科的教学深化，又有助于学生综合能力的发展。[③]最后，涉及明确的教学原则。基于项目的STEAM教学模式应遵循以下四个教学原则：明确要求，让过程结果化；突出设计，让思维可视化；注重观察，让发现价值化；多维鼓励，让氛围愉悦化。[④]这是根据教育目的而制定的基本要求，需要

---

① 吴文成，李元政.基于项目式学习的校本课程实践路径探索［J］.中学地理教学参考，2017（12）：7-8.

② 郝玉怀，薛红霞，马胜利.以项目学习促进学生数学核心素养发展［J］.教学与管理，2018（19）：61-63.

③ 马宁，赵若辰，张舒然.项目式学习：背景、类型与核心环节［J］.中小学数字化教学，2018（5）：24-27.

④ 王巍，袁磊.幼小衔接阶段基于项目的STEAM课程教学模式研究［J］.现代远程教育，2018（3）：51-58.

教师和学生贯彻在教学过程始终。

可以看出,PBL的首要前提是根据学习者的特点和整体项目目标,把学科知识进行PBL转化,即把原有以学科为逻辑的课程内容体系,改造成为以PBL学习为内在逻辑的一套完整的教学设计系统,从而开展合理的课程教学活动。

### (四)PBL问题与对策的研究

由于人的差异性与社会性,任何一种学习方式在具体实施过程中都有其难以避免的问题,PBL也一样。

综观已有研究发现,目前PBL学习呈现出的问题主要有:一是教师方面,能否从知识传授者转向学习促进者,教师的知识储备是否充足,并对教师的教学信念等提出挑战。[1]二是学生方面,如组员之间不合作,分工不均,学生不积极等。[2]三是学校方面,从学校管理来说,需要学校有一种组织或倡导。比如,开展项目式学习的教师组成实践共同体,形成研究团队,通过交流解决项目式学习开展过程中遇到的问题或困惑,也可以分享经验,促进其他教师的工作。[3]

综上所述,PBL学习在实践过程中,还存在一些难以突破的枷锁,如教师能否适应自身角色的转变,学生在完成项目过程中分工是否得当,学校层面是否支持这样的项目合作共同体的存在等。因此,一个项目得以顺利实施,需要学生、教师、学校以及社会层面的共同配合与支持。

### (五)PBL评价体系的研究

PBL倡导由学生自主发现问题、选定项目、实施项目,进而解决生活中的实际问题。不同的学生完成不同的项目,运用不同的知识,解决不同的问

---

[1] 何声清,綦春霞.国外数学项目学习研究的新议题及其启示[J].外国中小学教育,2018(1):64-72.

[2] 何一丹.微环境下大学英语PBL教学模式的困难和对策研究[J].福建广播电视大学学报,2017(2):37-40.

[3] 王晓波,陈丽竹.重识"项目式学习"——访北京师范大学教育技术学院副院长董艳教授[J].中小学信息技术教育,2017(6):28-30.

题，那该如何真实有效地评价学生呢？目前，有如下研究给出了样例。

1.采用基于表现的评价方法和评价工具。项目式学习在评价方式上更具有多元性，评价主体包括教师、学生及家长等多种角色，融合了定性与定量评价、形成性与总结性评价、个人与小组评价等多种方式，通过多样的评价工具对学生的表现进行综合评定。①

2.运用德尔菲法和层级分析法评价。具体以导向、激励、预测为评价原则，经过多轮征询专家意见，最终确定一级评价指标5个、二级指标15个、三级指标36个，同时收集各级指标的权重数据信息，确定评价指标权重，构建基于课程重构的项目式学习评价指标体系。②

3.通过反馈与辐射两方面来评价。反馈约占整个评价分值的80%，它包括学生自我反馈和教师反馈及其他反馈。学生自我反馈包含学生填写的项目式学习反馈表、项目式学习总结会、项目式学习心得体会、学生自我团队监督等。教师的反馈包含教师督导表、教师填写的项目式学习成果评价表、项目式学习素养达成表等。其他反馈包括家长反馈、学校反馈、同学反馈等。辐射主要是指学生项目式校本学习方式对其他学习方式的影响作用大小和项目式校本学习的研究成果在实际生活中的有用性、推广性等方面，占到评价分值的20%左右。通过两种评价方式的数量化汇总，基于项目式学习的校本课程实践才能落到实处。③

4.以成果交流与总结反思的形式评价。项目式学习的评价强调主体的多元化、评价内容的综合性与全面性、评价标准的合理性，以及评价方法、手段的多样性。评价内容应包含学生学习的参与情况、学生知识与技能的掌握情况、学生作品的完成情况、学生能力的提升情况、学生小组合作情况等。学生在综合整理的基础上进行项目式学习成果的展示与发布，师生及家长、领域专家等多元主体依据评价量规要求进行评价。信息技术支持的项目式学

---

① 张文兰，张思琦.混合式学习环境下国家课程项目式重构研究[J].中小学信息技术教育，2017（11）：41-44.

② 强枫，张文兰.基于课程重构的项目式学习评价指标体系探究[J].现代教育技术，2018（11）：47-53.

③ 吴文成，李元政.基于项目式学习的校本课程实践路径探索[J].中学地理教学参考，2017（12）：7-8.

习评价具备互动性与过程性等特点，可以采用网络问卷的形式发布在网络学习平台上，方便评价主体使用及结果统计。①

PBL作为一种新型的学习模式，其评价要能完整地体现整个学习过程中学生知识的习得与学习能力的增长，不能仅仅评价学习结果。因此，评价要遵循发展性、主体性、过程性以及多元化的原则，建立促进学生综合发展的评价体系。

## 三、PBL研究动向探讨

目前，国内关于PBL的研究在如火如荼地实践与探索着，虽然已取得了可喜的成果，但是就当前研究现状而言，以下几方面可能是PBL需要继续深化的地方。

### （一）PBL与STEAM融合发展，开发基于真问题的科技探究

在课程改革的大潮中，涌现出众多新的学习方式，其中PBL与STEAM教育较为被我国学者接受，并迅速在不同学科、不同学段甚至不同领域扎根。很多学者在阐述PBL时都把其与STEAM教育共同阐述，所以本研究也在这里澄清：PBL与STEAM教育虽相似，但又不同。相似点在于二者都属于跨学科教育，需要将原本孤立的学科进行有机整合；在教学设计上都是基于问题导向或项目导向的学习模式；二者都倾向于指向真实情境问题的解决。区别在于，STEAM教育主要强调跨学科，注重学科素养的培养，而PBL的核心是项目，可能会涉及不同的学科知识，但其本身不强调学科；STEAM教育中的问题情境多来自教师的设定和引导，而PBL中的问题情境多为学生提出或发现，更注重以学生为本。

在基础教育研究中，可以将PBL和STEAM课程融合开设，发挥各自的优势。本研究抛砖引玉，给出一点思考。

---

① 张文兰，张思琦，林君芬，吴琼，陈淑兰.网络环境下基于课程重构理念的项目式学习设计与实践研究[J].电化教育研究，2016，37（2）：38-45，53.

案例：基于生活中真实问题的科技探索

真实问题情境：鉴于电瓶车出行安全事故每年都有，特别是夜间行车，安全保障更低。今年开始，嘉兴市开始规范电瓶车出行安全，要求电瓶车上路必须粘贴反光条，驾驶人头戴安全帽。基于此举联想到：行人夜间出行安全该如何保障呢？由此可以推广产生一种行人夜间佩戴的安全帽或腰带等，自带反光功能，简易便于携带，主要功能就是提醒后方来车，注意行人安全。

案例说明：情境中行人安全帽或腰带的具体设计其实就是一个项目，具体解决过程中会融合所需学科知识，它把PBL和STEAM课程进行整合，主要体现在以下三点。

融合点一：真问题情境。

案例中项目的选择是由生活中的真实社会现象引发，也是目前生活中亟待解决的一个问题。受PBL的启发，教师把它交给感兴趣的学生去解决，完成项目的同时，让学生从中学到不同学科的知识，学会小组分工与合作、解决问题的方法……真正体现项目是从生活中来，又为生活服务！

融合点二：科技作品呈现。

在完成项目的过程中，根据项目实际需要，开发出具有实际意义的科技作品，如案例中的行人夜间佩戴的安全帽或腰带等。科技产品一旦形成，可以直接推广使用。

融合点三：项目（创意）说明会。

一个项目结束后，在校级层面组织项目说明会，由完成项目的学生负责阐述：该项目是如何选定的、小组成员是怎样确定和分工的、方案的确定及实施过程、项目的进展情况、项目的产品及推广情况，以及项目研究的创新点等。分享的过程，就是在锻炼学生的语言表达能力，实现学生多种能力的综合发展。

## （二）PBL研究分布不均，亟待深入

研究成果方面，目前发表在核心期刊及CSSCI上的论文并不多，硕士论

文只有几篇,博士论文还没有(具体分布见下图),说明PBL的研究还需要更加深入。

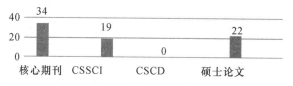

关于PBL在核心基于期刊上的研究分布图

### (三) PBL 实践案例较少,亟须基础教育实践

关于PBL与学科相统一的实证研究范例较少,多停留在理论模式架构层面,关注整体教学设计流程,较少关注具体环节教与学的互动研究,对很多一线教师在实际教学中的指导借鉴意义不大。建议后续研究中,增加对基础教育领域中的实证案例研究,形成案例集,供一线教师参考借鉴。

### (四) PBL 缺乏校际合作,亟盼区域共同体推进

在国内,PBL还处于发展阶段,而且多数应用于大学、中学及职业技术院校,很少应用到小学。每个学校都是各自展开,缺乏校与校之间的交流和合作,导致每个学校所开展的PBL学习程度参差不齐。建议区域内各校可以联合起来,解决社会中更加宏观层面的问题。

## 四、PBL 的实践思考

### (一)教师层面,有效突破教学中的重难点问题

学科教学中,重难点该如何突破是一线教师需要花大量心思去思考的,而且往往效果不理想。PBL的引进,有效地化解了这一难题。教师完全可以将阶段性、相互关联的知识点整合,形成一个个小的研究项目,让学生自主选择、合作探究,然后进行全班的项目汇报,分享项目研究成果。这一过程,不仅让做项目的学生在知识技能上得到提升,而且可以让没有参与到该

项目的同学，在项目成果分享阶段得到不同程度的发展。

### （二）学生层面，充分调动学生学习的积极性

PBL打破传统的"工厂式"教学模式，为学生提供了充分的自由，由学习者自主选择发现或感兴趣的项目研究，在完成项目的过程中，可以综合一切可能利用的资源，与志同道合的合作者一起组建学习共同体。这种学习方式的改变，在一定程度上激发了学生学习的热情。"兴趣是最好的老师"，在兴趣的驱动下，学生各方面的能力必将获得最大限度的提升。

### （三）家长层面，对家庭教育提出更高的要求

家长是孩子的第一任教师，家庭是孩子的第一所学校。PBL中体现的做中学和自主探究、动手操作能力的培养，在家庭教育中完全可以逐渐渗透和实施。如生活中常见的去超市购物情境，从出发前拟定购物清单、金额的预算，到超市中实际选购、沟通、结账、整理选购物品等，家庭成员完全可以分工合作，实际上就是在完成一个小的实践项目。在实际生活中，不断地经历这样的情境，学生的综合能力将得到有效提升，为学校教育中的PBL教育打好基础。

### （四）社会层面，为学生提供接触社会、融入社会的实践方式

之前，国内经常曝出这样的新闻：某大学生因生活不能自理而被迫退学，或某小学生不会剥鸡蛋等，这些都充分说明学生独立与动手操作能力在社会生活中的重要性，人是社会中的人，不能与社会脱节。国内倡导的PBL为学生提供了一种接触社会、融入生活的实践方式。美国在很多年前就提出了营地教育的研学旅行模式，呼吁学习者走出课堂，走入自然，通过临时组建的学习共同体，在精心设计的项目活动中，体验学习，获得能力的提升。①

---

① 王晓波，陈丽竹.重识"项目式学习"——访北京师范大学教育技术学院副院长董艳教授[J].中小学信息技术教育，2017（6）：28-30.

## 五、结语

经过数年的发展,各界学者仍对PBL模式进行不断的实践和探索,证明其所具有的独特优势,也让我们感受到一种"教和学"的新境界,真正体验到"以学生为中心、探索式学习"的魅力。未来教育的最终目的是培养学生学会学习与终身学习的能力。在未来大数据时代发展到一定程度后,教育必然会回归到人本身,更加关注个人的成长和发展,这也是PBL学习模式在当今教育中得以普遍应用的原因之一。

# 第五章
# 研究成果总结

成果总结是一次科学思考的过程,也是教师专业素养的一次历练。

研究、成长可以是个人的事,成果却需要分享。

——"我的研究感悟"

## 问题33：课题研究成果总结有哪些表达形式？

虽然一线教师的教育科研以解决实践问题为目的，其做课题研究的初衷在于对实践问题的思考，寻找解决问题的策略方法，但研究成果的总结提炼同样重要。其意义有三：第一，课题成果的总结是对课题研究内容及过程的再梳理、再思考；第二，课题成果的总结是促进教师专业素养发展的重要路径之一；第三，围绕某个问题，经过深入实践研究，形成的研究成果除了可以进一步指导自己的教育教学实践，还可以通过发布、推广等方式，为更多的教师提供可借鉴的路径方法。

本节结合一些实例来谈谈课题研究成果的表达形式。

### 一、科研论文

论文写作是研究成果表达的一种重要形式，只是围绕课题研究写作的科研论文与一线教师一般概念中的经验性论文有所不同。科研论文一般应体现三个基本特质：一是基于实践问题的思考；二是有一定的研究框架；三是论证过程有实践的痕迹。可以说，科研论文是研究报告的浓缩，或是核心成果的表达。因此，体现在文本表述中，科研论文应由以下几个部分构成：

第一部分：提出研究问题（或研究的背景与意义阐述）；

第二部分：解决此问题的基本研究思路（或研究框架）；

第三部分：论证问题解决的实践过程及效果（或解决问题的策略与成效）。

如"小学高年级学生'预学—后教'课堂教学实践探索"这一课题研究的成果以《论"预学"的实践意义与小学数学课堂教学变革》为题，总结课题研究成果,写成的科研论文的结构框架是这样的。

题目:论"预学"的实践意义与小学数学课堂教学变革

摘要:(略)

引言:在教学实践中,一线教师运用"预学—后教"组织课堂教学时,存在诸如"预学"目标不清,方式单一,有时甚至只是一种习题前置式的练习,从而造成"后教"过程缺乏针对性,课堂教学效率低下等问题。这显然与一线教师对"预学"的价值认识不足、缺乏设计有关。现结合自身在小学数学课堂教学中的研究与实践,就这个问题作一些分析与思考。

正文:

一、"预学"的含义及实践意义

二、小学数学课堂教学中"预学"的设计要点

三、基于"预学"的课堂教学变革要点

结论:"预学"的实施,客观上把学习理解新知留给学生,由学生自主尝试,为学生创造一个独立的学习空间,实践中又需要教师通过课堂教学结构的改变、教学组织形式的调整,充分调动学生的主观能动性,发挥学生的主体作用,最终改革课堂教学模式,提高课堂教学效率。

参考文献:(略)

在有些学校的科研管理中,对于微型课题研究的管理,要求教师以科研论文的方式总结研究成果,替代一般规划课题的研究报告或成果报告,旨在抓住核心研究成果的同时,简化研究成果的表达格式。这比较受一线教师的欢迎。

## 二、研究报告

研究报告是课题研究成果表达的基本形式,也是一线教师做课题研究时总结成果最常用的方式。从省市级立项课题结题要求来看,课题研究报告的文本结构一般包括以下部分。

第一部分：问题的提出（课题研究的背景及意义）。

第二部分：课题研究的理性思辨（包括理论概念与核心概念的界定）。

第三部分：课题研究的内容及策略（包括研究设计、方法与过程）。

第四部分：课题研究的成效（包括研究结果或结论）。

第五部分：进一步思考的问题。

这样的文本结构，除了"研究成效"与"进一步思考的问题"部分，前三部分呈现的主要是研究设计内容，体现课题研究从方案设计到结果总结的基本特点。课题研究方案更多的是从假设层面展开逻辑思考：明确研究内容，架构研究框架，设计研究策略，这也是课题研究实践得以顺利进行的基本保证。课题研究报告是围绕课题研究方案所提出的研究问题、研究内容及研究目标、路径与策略进行相应的提炼、归纳，并对研究效果作出客观分析。因此，在研究报告撰写过程中，需要突出课题"研究的设计与结果，以研究设计的水平来提高研究结论的说服力，在研究结论中体现成果的创新性"[1]，这是撰写一份高质量研究报告的关键。

嘉兴市教育科学研究规划办公室在课题管理中还提出"微型课题"研究报告的特定文本格式，要求在研究报告中从"我研究的教学（教育）问题、研究历程、研究的主要内容、研究成效、研究感悟"等板块进行总结，特别强调"我研究的教学（教育）问题"这一内容。这让一线教师在微型课题研究选题上着眼于聚焦真实问题，"'通过研究解决问题'逐渐成为教师工作的常态"[2]成为可能。同时，还在报告最后让教师说说"研究感悟"，旨在引导教师回味研究体验，回顾问题解决的过程，聆听"成长拔节的声音"。

因为是第一次做课题，内心非常忐忑，通过培训、实践、不断摸索，我查阅资料，阅读理论书籍，进行问卷调查，大致确立研究步骤：引导学生进行整理—引发如何有效整理的思考—学生运用概念图整理—落实概念图的解题技巧—提高综合思维能力。我在"做中研、研中思"收获着研究的快乐，感受到精神上的满足和享受，体会到创造的智慧和欣喜。

---

[1] 张丰.从问题到建议——中小学教育研究行动指南[M].北京：教育科学出版社，2013：271.

[2] 陆福根.植根现场做教师自己的研究[M].北京：中国文史出版社，2015：9-17.

这是一位教师在完成"概念图在初中历史与社会整理课中的应用研究"[①]这一市级微型课题研究之后的感悟,真实而又生动。

## 三、成果报告

在各级教育科研管理部门的课题管理中,除了立项课题应完成结题工作外,还会组织各个级别的优秀科研成果评审,以推动教育科研的高质量发展,推广优秀的课题研究成果。以我所在的省市区为例,省级层面有"浙江省教学成果奖"(省人民政府组织,四年或五年一届)、"浙江省教育科学研究优秀成果奖"(省教科院、教育科学研究规划办公室组织,每年一次)、"浙江省教研课题成果奖"(省教育厅教研室组织,每两年一次);市级层面有"嘉兴市人民政府基础教育教学成果奖"(市人民政府组织,每四年或五年一届)、"嘉兴市教育科学优秀成果奖"(市教育局、教育科学研究规划办公室组织,每两年一届,分规划课题成果奖和微型课题成果奖)。当然,还有一些职业教育类的科研成果奖评审、区级科研成果奖评审等。

作为优秀研究成果,教师直接以"研究报告"参与成果评审也未尝不可,但成果报告也有基本结构。各级各类的成果奖评审中,也相应地出台了一些基本的格式要求。比如省政府教学成果奖申报的文本包括四个部分:

第一部分:"问题的提出",需阐明针对什么问题进行改革与实践探索,以及为什么进行这一改革与实践探索。

第二部分:"解决问题的过程与方法",需说明怎样进行改革与实践探索的。

第三部分:"成果的主要内容",需说明经过实践检验后形成的问题解决方案(主要观点、措施、方法、模式、模型等)。

第四部分:"效果与反思",需说明成果取得了怎样的实践效果,还有哪些不足,以及需要进一步探索的问题等。

以上四个部分,其本意在于要求写明成果的动因、历程、成果、成效

---

① 本课题负责人为北京师范大学南湖附属学校金晓燕老师。

四个内容。当然，课题研究成果报告，内容层次会更加丰富，体现出科研的"提出问题—研究问题—解决问题"探索研究过程。下面，我们来看原温州市实验小学白莉莉校长主持的课题"小学实施整理课的行动研究"[①]的成果报告文本结构。

一、问题提出：（一）课题研究的背景；（二）课题研究的意义；（三）国内外关于整理课的研究综述。

二、研究设计：（一）概念界定；（二）研究目标和内容。

三、研究操作：（一）提出设想；（二）集体讨论；（三）初步实践；（四）专家引领；（五）再次实践；（六）学生讨论；（七）清晰目标；（八）明确内容；（九）形成模式。

四、研究成果：（一）编写了整理课教学纲要；（二）明确了整理课的定位；（三）构建了整理课的阶段性教学模式和综合教学模式；（四）形成了整理课的整理程序；（五）形成了整理课的教学评价；（六）形成整理课的课例和案例。

五、基本经验和成效分析：（一）基本经验；（二）实验效果。

六、问题与思考。

以上成果报告，将研究历程和成果内容完整地呈现出来，不仅为他人学习借鉴提供了理论思辨与设计路径，也具有了直接引入与改造的可能。

## 四、专著及其他

教育科研课题研究的成果总结，还可以通过撰写专著或录制相关的实践视频进行总结与提炼。特别是以专著的形式来表达研究成果，会更加系统。但此种方式对于一线教师来说，要求比较高，这里不作展开阐述。以下提供我结合"小学教学活动教学"研究所撰写的专著的信息，供大家参考。

---

[①] 浙江省教育科学规划领导小组办公室.浙江省2008年优秀教育科研成果选编［M］.杭州：浙江大学出版社，2009：200-211.

《课堂的魅力——小学数学活动设计与教学》(华东师范大学2017年7月出版)围绕历经15年的"小学数学活动"的研究与实践,分六个章节进行论述。

第一章阐述"数学活动的内涵及其基本特征";第二章对"数学活动的设计要点和教学关键"加以说明;从第三章开始,结合教学内容的特点与侧重的学习目标,用四章分别阐述"经历型""体验型""探究型""创生型"四种类型的数学活动的内涵、特征、设计及教学要点。在对某类数学活动的分析时,再次结合学习内容或过程特点,细化为更加具体的数学活动。

另外,有意思的是,书中在对不同数学活动作一定的理性思辨的同时,都配以一个"典型课示例",以研究者亲身实践的课例加以说明。这些感性材料的加入,无疑更加有利于教师对数学活动的直观认识。

# 问题34：课题研究报告应具备哪些基本要素？

教育科研课题研究，最终以研究报告的方式呈现研究成果。但对于一线教师来说，有时积累了丰富的第一手研究资料，却写不出好的结题报告。这与一线教师对研究报告的认识不足有关。一份完整的课题研究报告，需要有基本要素、核心要素、增色要素三个内容。现结合一些实例作简要分析。

## 一、基本要素

研究报告不应是某个事件的简单记录，其基本着眼点是对某个问题所做的尝试解决过程的记录，其间伴有观察、实验、猜测、验证、解释、推理等科学研究过程。课题研究报告也是一种研究报告，应该具有研究报告的基本要素。

对于一个问题的研究，一般须经历这样的过程：提出问题—分析原因—提出假设—尝试解决—分析整理—得出结论。课题研究报告的基本组成部分，如"研究的背景和意义""核心概念界定""研究内容和目标的确定""研究策略与过程设计""研究成效的分析"等，正是对问题解决过程的描述或记录。两者的关系可以用下图来表示。

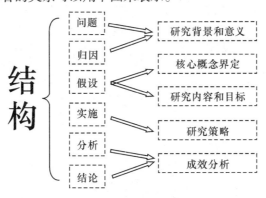

**研究报告与课题研究报告关系图**

可以清楚地看到，撰写的课题研究报告应该是对某个教育教学问题深入研究、尝试解决的过程记录，具有研究与解决问题的本质特征。

## 二、核心要素

课题研究报告作为一种探究、解决教育教学实际问题的成果总结，更多的是一种实践性成果。它除了具有一般研究报告的基本特征之外，还有其自身的特点。一份好的课题研究报告应该有三大核心要素：实践的体验、逻辑的思考、创新的元素。

### （一）实践的体验

所谓实践的体验，是指课题研究报告是在实践基础上总结提炼的，有实践过程作支撑。这与一线教师所做的教育科研特点有关。一线教师一般以应用性研究和实证性研究为主，实践是一线教师实施课题研究的基本途径。因此，一线教师的课题研究报告应该有对实践体验的关注和呈现。

当然，一线教师课题研究报告中的实践体验，既应该包括文献资料的检索、研究过程的设计、研究的实施及对研究数据的分析等具体的活动记录，更应该包括结合教育教学实践、落实于平时日常工作中的研究与探索过程的表达，也应该包括行动研究过程中想法的调整等思维层面转变过程的描述。

例如，获浙江省优秀教育科研成果二等奖的课题研究报告《小学数学活动教学研究》，其实践层面的探索为总结成果提供了丰富而宝贵的资源。研究报告中，实践体验的成分显而易见。课堂教学三阶段的活动设计，有源于圆的周长、射线的认识、平面图形的认识等课堂实践经验的呈现；"经历型""体验型""探究型""创生型"四类数学活动的提炼，则有商的近似值、分数的意义等近40次围绕课题研究的课堂教学实践。正是有了这些实践体验，才让研究报告充分体现真实性、针对性和可操作性等成为可能，也为课题成果的高质量奠定基础。

## （二）逻辑的思考

一份研究报告是否具有逻辑性，是衡量报告质量的重要指标。从课题研究报告的结构来分析，其逻辑性应该体现在以下方面。

（1）问题提出的针对性。

好的问题提出，应该是直截了当的，源于教育教学实践中的某个问题，让人一看便知道是针对什么的。例如，"关于提高语文课堂结束语价值的研究"[①]中的问题是：结束语作为一节课的压轴部分，虽然才短短几分钟，却是语文课堂教学中不可缺少的组成部分。但大部分教师能够重视课堂教学的导入，而对结束语重视不够，更多时候听到铃声响了，匆匆布置作业，并告知学生现在可以下课。显然，这位教师用语虽少，却准确地指出"日常教学实践中，教师对课堂结束语不重视，从而使原来应该精彩的课堂结束部分缺乏吸引力"这样一个问题，为后续的针对性研究奠定基础。

（2）理论思辨的严谨性。

有逻辑的思考在课题理论思辨部分的作用尤显重要。此环节包括课题核心词的选择、关键词内涵的解释、研究目标的确定等需要我们作深入思考与辨析的内容。这些内容的表达是否精准、严谨，是保证研究报告质量的关键。课题"小学语文教学中关键性内容的设计与实效研究"[②]，其核心词是"关键性内容"。怎样的内容才是一节课的关键性内容？它与教学重点有怎样的区别与联系？基于对这些问题的思辨，课题组界定为：关键性内容，简而言之，就是对整个教学活动能起到"牵一发而动全身"的重要影响的教学环节或内容。语文教学中的关键性内容，即语言文本内在联系的某种线索，对整个教学活动能起到导引学习、发散阅读、深化理解等作用的词、句、段。研究报告中呈现的界定，先从"关键性内容"大概念入手，再明晰语文教学中的"关键性内容"，较为准确地表达了课题组成员对语文课堂教学中关键性内容的认识，为整个报告的撰写确定了较强的逻辑起点。

---

① 本课题负责人为浙江省嘉兴市实验小学刘颖老师。
② 本课题负责人为浙江省嘉兴市实验小学冯景老师。

（3）研究策略的条理性。

研究策略一般是课题实践操作部分成果的主要体现。因此，研究策略是否清楚、可供别人借鉴，是否有层次、符合逻辑推进的规律，针对性是否强，选例是否得当等，都是判断其质量的依据。一个高质量的课题研究报告，其研究策略应该具有三方面的特点：一是围绕课题进行，着眼于问题研究的整个过程；二是具有较为清晰的层次；三是归纳的，可重复的，为别人可借鉴的。如同样获得省教育科研优秀成果二等奖的课题成果报告"教师小课题研究的探索"[①]中，是这样表述研究策略的两个层面的：以成果应用型、问题解决型、经验总结型、探求新知型等来描述个体背景下的教师小课题研究过程；以"多人同课+小课题研究"和"一人同课+小课题研究"两种方式来描述群体协作下的教师小课题研究过程。这不仅层次清晰，而且归纳到位，操作性极强。

（4）成效归纳的科学性。

成效归纳是研究报告的重要组成部分。其表述是否得当、数据分析是否科学、是否有典型性材料作支撑、定性分析与定量分析是否合理有序等因素，同样影响研究报告的质量。一份高质量的教育科研报告，在成效归纳中需要根据研究目标来梳理，而不能盲目填充。这是成效归纳质量的重要评判依据。如在"小学数学活动教学研究"这一课题的成效总结中，笔者提炼了四个成效，其中一个谈到了"教师设计数学活动的能力得到提高"。这本来就是本课题研究的一个重要目标：通过研究，提高教师设计和组织数学活动的能力。

（三）创新的元素

创新的元素，简言之，也就是有新意。大而言之，整个研究过程操作层面有新的做法；小而言之，文本中的某个提炼、表达是新的，比前人更准确等。对于创新元素的梳理，也是课题研究报告的核心要素之一。然而，在一线教师所做的课题研究中，创新更多地体现在理论应用上，是实践层面的创新。在研究报告中，应该着力把实践层面的创新元素梳理出来。

---

① 本课题负责人为浙江省嘉兴市辅成教育集团姚江峰老师。

如"关于提高语文课堂结束语价值的研究"报告中，研究者不仅对影响课堂结束语价值的因素、不同课型结束语的运用、不同类别阅读课堂结束语的变化依据作了阐述，更为有价值的是总结提炼了"抓住重点，归纳概括""借用练习，迁移训练""课末揭谜，首尾呼应""巧用语言，抒发情感""热烈讨论，激发热情""搭建桥梁，拓展延伸""设置悬疑，承前启后""郑重评述，塑造形象"等八种结束语的设计及应用方式。这其中蕴含了研究者自身的理解和经验，创新的意韵油然而生。

这样的研究才是一线教师真正需要的，对他们而言是有新意、有价值的。

### 三、增色要素

1.语言洗练、准确、优美。

一份好的研究报告，应该具有一定的可读性。因此，报告运用的语言便相当重要。语言不烦琐，洗练、准确地表达，让人看起来美观，会让研究报告增色不少。

2.表达时具体与抽象的和谐。

好的研究报告，肯定是理论与实践的结合体，文本中形象化和抽象性交织在所难免。教师做教育科研，因为更接近一线教育教学实践，所以不能一味地追求理性而忽视形象的表达。适时增加文本的形象性，为同行提供可借鉴的做法，是好的教育科学研究报告必须具备的。

3.形式生动、活泼、有节奏感。

在文本表达中，除了理性表述之外，适时用生动的案例来说明问题，会让道理更直观、更有说服力。此外，适当地运用一些图表来反映研究成果，也不失为一种好办法。这样不仅能增强文本的可读性，还能增强文本的节奏感，让人耳目一新。

# 问题35：一份高质量的课题研究报告在文字表述上应怎样着力？

一般而言，教科研成果报告由课题的提出、研究内容与路径说明、研究成效分析等部分构成。这几部分在成果报告中分别承担着不同的功能，写作时需要把握各部分的功能要点展开。在文字表述上，需要仔细推敲，以体现课题研究视角的高站位、独特性，体现理论思考的深度、实践过程的效度。

## 一、课题研究意义阐述：定位准确，有"视野"

为什么要研究这个问题（或主题）？研究这个问题（或主题）有什么意义和价值？这应该是课题从研究方案制订开始就需要想清楚的事情。研究报告中，课题研究的意义不但要"写"清楚、"讲"明白，更需要表明研究者的研究视野，以"一种理论的自觉和对教改信息的高度敏感性"[1]来分析教育教学问题，提出研究课题。具体可以通过三个层次阐述。

首先，从教育本质的角度阐述。课题研究是教育活动的一种方式，需要研究者站在教育本质的角度思考课题研究的意义和价值。无论是宏观课题，还是中观或者微观课题，都需要对研究课题的育人价值进行深入思考与分析，从而作研究的必要性和可行性说明。

其次，从教育现实的角度阐述。即告诉大家这是个现实问题，值得研究，有必要研究，可以从理论与政策层面切入。比如新课程实施后开展的有别于传统教育教学的许多研究课题，便从课程标准出发说明课题研究的现实

---

[1] 朱建人. 视界·视野·视点 [N]. 浙江教育报：教师周刊，2014-4-4（4）.

意义与研究价值；也可从教育教学实践中客观存在的实际问题切入，比如获省级成果奖的德育课题"小学案例德育的实践研究"，便是从现阶段学校德育活动主体性缺失、德育行为缺少内化、德育故事的贴近性不够等现实问题出发来说明课题研究的现实意义的。

最后，从教育发展的角度阐述。这是课题研究与日常工作最大的不同之处。课题研究应该是一种站在前人肩膀上的思考与实践，一个重要的功能便是在完善和改进教育教学日常工作的同时，创新教育教学策略，探索形成更有效的教育教学方法，从而推动教育教学改革进一步发展。如"小学案例德育的实践研究"课题在创新价值中指出，以"经典案例—身边案例—自身案例"的搜集、解读、体验、内化，突出德育的主体性，强化德育过程的体验性，对改变学校传统德育的方式、形成贴近学生的德育具有一定的创新意义。这样的表述体现了发展的眼光，研究意义尽显。

## 二、课题研究内容说明：表述明确，有结构

关于课题研究内容的思考是研究课题的核心部分，也是课题展开研究的基础。与研究背景意义一样，研究内容的明确应该从课题研究方案的制订就已经开始了。如果一个课题连研究内容都没有弄清楚，其后续的研究必定是盲目、低效甚至无效的。一般而言，成果报告中说明课题研究内容主要通过"核心概念界定"和"研究内容说明"两部分完成。撰写这两部分内容时，表达尽可能简洁明确，若能采用一些有结构的材料加以呈现，则更为直观和清晰。

课题报告中的核心概念界定，是表明课题研究核心内容的重要部分。界定一个概念，一般可从两个层面进行：一是下定义，即讲明白"是什么"；二是讲特征，即说清楚"有什么特点"。如在界定省级成果"小学数学活动教学研究"这个课题的核心概念"数学活动"时，是这样下定义的：活动是指为达到某种目的而采取的行动。数学活动则是指为了达到学习数学知识、习得数学技能、提高数学素养而采取的行动。然后又以"有效数学活动的特征"加以展开，重点说明数学活动应该具有"数学性""实践性""体验性"

与"过程性"等特点,为后续研究过程中数学活动的设计与实施提供了理论层面的支持。

在阐述课题具体研究内容时,一些有结构的材料也是常用而有效的方式。这里所说的有结构的材料,是指文字与图表相结合的材料。这样的材料,更利于读者直观、清楚地研究内容各部分的逻辑关系。如一位教师在撰写省级一等奖成果"小学生数学素养培养策略研究"时,便采用了"树形图"和"表格"呈现具体的研究内容,其中"树形图"说明数学素养构成要素及其之间的关系,"表格"则说明"构成要素""培养策略"及"实践案例"等小学生数学素养培养的内容与相应策略、实践落实之间的关系。以这样有结构的材料,再配以适量的文字来呈现研究内容,显得一目了然,很直观。

## 三、课题研究路径描述:设计明晰,有条理

课题研究路径设计,包括对课题研究思路、方法及具体研究活动的思考与安排。这是课题研究得以真正落实的依据。一份高质量的研究报告,研究思路须是清晰的,研究方法的选择也是科学的,研究活动的开展更是可感的。现以"小学案例德育的实践研究"的成果报告内容加以说明。

首先,清晰的研究思路。我们能够从研究报告中明确地感受到整个课题研究是有规划、有序推进的。课题围绕"礼仪(爱自己)、孝敬(爱家人)、友爱(爱他人)、环保(爱自然)"四大主题展开研究,设计了一条"从案例资源库的建设出发,经过主题案例的解读、道德行为的'自我设计',借助团队或个体探索切合个体道德发展的'我的经典故事',然后通过分享比较实现自我反省"的基本案例育德路径,思考案例结构要素,对案例进行分类,选择恰当的案例应用到德育过程中,最终形成小学案例德育的基本路径与策略。通读本课题研究报告,能够清晰地了解到课题研究的推进过程,虽然经历几次反复,但整个研究是扎实而有效的。

其次,选择合理科学的研究方法。课题研究中,虽有研究内容和细节活动的调整,但在关键性研究板块中,研究方法的选择是恰当、合理的。例如,采用文献研究法寻找德育经典案例,在分析德育价值的基础上作出选

择；采用调查法、观察法对学校学生的德育现状作调查，以了解学校学生的整体德育状态，研究有针对性的德育途径；运用个案研究法针对特殊的学生进行跟踪式的数据采集、研究分析，从另一侧面说明本课题的研究效度。应该说，作为学校的一项德育整体研究项目，本课题研究方法的选择还是比较合理和多元的，这样的报告具有较强的研究操作性，也利于推广和借鉴。

最后，研究活动可感。研究过程的真实性和有效性，包括思考层面和实践层面。不难看出，这个课题研究活动是相当扎实而丰富的：案例德育校本课程开发，"五步推进"课堂教学模式研究，特殊个案采用"导师"帮扶，以"微笑"为核心的道德评价设计等。这些活动的提炼，均让人感受到研究活动开展的扎实，也为后续课题研究成效分析提供了更高的信度。

## 四、课题研究成效分析：讲清关联，有信度

课题研究目标可以有策略性目标、对象性目标和主体性目标，课题研究成效对应三个维度，即策略成效、对象成效与主体成效。成果报告在表达这些成效时，尽可能地以简约、有说服力的文字将研究过程与结果的关联性表达出来，即做到：策略成效明晰，表达时尽量做到有逻辑的梳理与提炼、有结构的说明；对象成效显性，一般采用定量分析与定性分析相结合的方式进行；主体成效契合，即通过研究，描述研究者在观念水平和实践能力两方面发生的变化。

## 问题36：如何让课题研究成效的表述更具说服力？

课题研究成效反映了课题的研究结果效度，是研究报告的重要组成部分。一般而言，对一项课题研究的成效表述是否得当、数据分析是否科学、是否有典型性材料作支撑、定性分析与定量分析是否合理等因素，会影响研究报告的质量。一个研究，过程做得很扎实，但成效部分的表述不清晰，缺少针对性、科学性，这份研究报告质量也会大打折扣。

以课题"运用几何直观培养小学生解决问题能力的实践研究"为例，对研究成效的分析，一看学生对"几何直观"与解决问题之间的关系认识是否得到改善？解决问题的过程中，运用几何直观的方式来分析解决的学生是否比研究前多了？解决问题的能力是否增强了？二看通过研究，教师在引导学生运用"几何直观"分析解决问题时的办法是否多了？有没有形成一般策略？至于"通过本课题的研究，课题组教师的研究能力提高了，教育教学水平也得到了不同程度的发展……"类似这样的成效不说也罢。如要说明，可结合教师对几何直观与学生解决问题能力培养的作用（或关系）的认识发生变化，引导学生运用几何直观解决问题的能力提升，倒也未尝不可。

表述成效时，为了让其更有说服力，需要结合成效采用不同的表达形式加以呈现，以更加清晰、明了地呈现课题研究效果。以下结合浙江省教育科学规划领导小组办公室编制的《浙江省2008年优秀教育科研成果选编》一书中的一等奖成果，从三个维度（策略维度、对象维度、研究者维度）探讨成效表达的一些形式，供一线教师学习参考。

## 一、策略维度的成效表达

策略维度的成效反映的是研究课题在操作路径与解决问题方法层面的成果。在表达此维度成效时，需要将研究路径或操作过程以结构化的方式加以提炼、呈现，以利于读者清楚地把握操作要点。

文字概括。这是一种最常用的方式，以某种逻辑，将策略方法概括成几类，加以归纳描述。如乐清市教育局教研室叶宝华等几位教师一起研究的成果"基于教育科研知识培训促进教师专业化成长的实践研究"，其中一个方面的成效是"构建了一种比较适应本地的教育科研培训模式"，概括了三种典型模式："分区分校培训"模式、"大班集中培训"模式和"小班骨干培训"模式，每种培训模式均有"培训授课形式、授课时间内容、培训学分计算"的具体操作方法。

图表归类。图表归类式的策略梳理，相对于文字概括，更加直观，有利于清楚地表达要素之间的关系，展现策略路径之间的结构。如温岭市箬横中学葛文辉等几位教师合作完成的"萌动·行动·主动——高中生同伴辅导的实践研究"课题研究成果，在成效部分谈到"构建了同伴辅导的三角循环模式"，将其称为"同伴心理辅导的循环三角模式"，并以图式呈现了各要素之间的结构关系。（见下图）

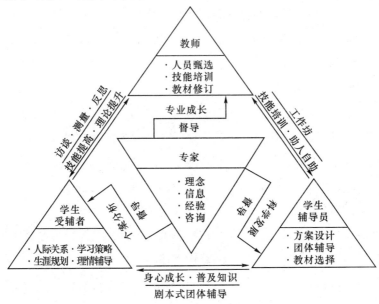

**同伴辅导的循环三角模式图**

研究者对图式也作了一定的解释：循环三角模式由四个三角形组成，每个三角形代表一个研究成员，并标明相应的任务。外层是教师和学生辅导员，内层是专家起着总督导的作用。

当然，有些课题也会采用表格来梳理、归纳相应的策略路径。

## 二、对象维度的成效表达

对象维度的成效反映的是课题研究过程中，应用了一定的策略措施后所影响对象的程度与变化。如果所影响的对象是学生，就从学生的变化状况来描述分析；如果所影响的对象是教师，就从教师的变化状况来描述分析。"基于教育科研知识培训促进教师专业化成长的实践研究"这一课题的影响对象显然是教师，而课题"萌动·行动·主动——高中生同伴辅导的实践研究"的影响对象显然是学生。对象维度的成效表达，一般采用定性和定量相结合的方式。

定性分析。即通过一些描述性语言对研究对象的变化作介绍。比如课题"萌动·行动·主动——高中生同伴辅导的实践研究"在表述对象维度研究成效"培养了高中学生的综合心理素质"中，谈了三点：学生心理理念得到成长；学生参与心理健康教育活动的主动性和积极性增强；学生助人能力和助人意向提高，助人行为增多。当然，具体展开过程中，还选取了一些实例，以增强说服力和可信度。

又如金华市开发区东苑小学浙江省特级教师夏美丝老师主持的"基于体验的小学生'四有'德性养成策略研究"这一课题，在"师生'四有'德性养成卓见成效"的对象维度成效分析中谈道："教师的幸福感增强了；学生和家长的所说所做、所为所想、所思所虑也发生了显著的改变。"并且通过教师、家长及学生的表述，具体描述了对象的变化。在教师话"四有"中，一位年轻教师发表了感言："开设'师生画像'后，我觉得自己真真实实地享受到了做教师的乐趣，潜下心来真切地体会到自己学生的可爱……"这样的描述，在家长话"四有"和学生话"四有"中同样也有采用，使对象维度的成效可感、真实。

定量分析。即通过调查，收集一些数据来表述课题研究的成效。比如课题"基于教育科研知识培训促进教师专业化成长的实践研究"在表述"促进了一批教师科研能力和专业化水平的提升"这一对象维度成效时，研究者进行了相关的调查，通过对1987份问卷数据的分析，表述研究对象在意识和能力层面的变化。如对"通过这次培训，你对教育科研作用的认识有没有变化？你认为教育科研知识对提高教师素质和专业发展的作用如何？"两个问题的调查发现，63%的受训者认为"有变化，有很大的作用"，32.2%的受训者认为"有变化，有一定作用"，只有4.78%的受训者认为"没有变化，没有作用"。这也从一个方面反映了此课题研究的效度。

定量分析的另一种方式，则是作前后测对比分析，数据变化看课题研究效果，更具说服力。如磐安县安文小学施妙英、陈燕飞两位教师在主持的"培养小学生责任心的探索与研究"课题的成效部分，便采用一组前后测的数据来表达课题研究的对象成效。

（1）你（你的孩子）每天都能自己主动做好作业。

|  | 实验前 | 实验后 |
| --- | --- | --- |
| 学生 | 62% | 85% |
| 家长 | 58% | 82% |

（2）你（你的孩子）上学该带的物品都能自己准备。

|  | 实验前 | 实验后 |
| --- | --- | --- |
| 学生 | 68% | 87% |
| 家长 | 62% | 85% |

……

这样的前后测对比，相对于实验研究，显然还比较粗糙，但也从一个侧面反映了本课题的对象变化。

## 三、研究者维度的成效表达

研究者维度的成效反映的是研究者自身通过课题研究对相关研究主题的

认识，或者相关问题的思考与解决问题能力水平的变化，从侧面表明课题研究的成效。

比如，在温州市实验小学白莉莉校长主持的课题"小学实施整理课的行动研究"的研究成效部分，谈到了"本研究对教师差异教育观形成具有积极意义"这一点对参与研究者的影响："通过整理课的实践与研究，教师的观念有了很大的转变，真正认识到'教'是为了'学'而服务，在教学中，教师注重的不再是学生学科知识层面的掌握，而是一种学习策略、学习方法的习得……在备课和上课时，教师关注的不再是我怎样教，而是学生怎样学。"

这样的变化，正是整理课课题的研究带给教师的影响，引发教师们思考的。

因为研究者维度的成效是从侧面反映课题研究的效果，有时候只是课题研究成效的补充，因此并不是所有的课题都需要写出对研究主体产生的效果。

# 问题37：撰写研究成果报告时如何用好图与表？

作为一种表达工具，图与表在课题研究成果报告的撰写中有着重要的作用。图与表本身具有结构化、简洁性的特点，有利于思维可视，在表达一些逻辑结构的问题、问题解决的策略路径及数据分析时，具有天然的优势。因此，在课题研究成果的表达中很受一线教师喜欢。

一线教师科研成果表述中用到的图与表主要分为两类：一类用来描述逻辑结构，可称作"结构图表"；还有一类是用来分析数据，即通常说的"统计图表"。以下结合一些实例就研究报告中如何用好图与表作具体说明。

## 一、描述结构的图表应用

各事物之间存在着关系，事物内部又存在着自身的结构。要表达这种关系或结构，人们往往喜欢用图或表的形式。作为表达一线教师解决实践问题的研究成果，一般需要描述比较多的逻辑关系与要素结构，图与表成为研究成果表述中不可缺少的表达工具。

（一）表的应用

表，又称表格，可以用来表示多要素之间的关系。在研究报告中，一般在以下两种情况下采用表格形式来反映研究内容。

1.反映活动记录的内容要素时。有教师在研究"综合实践过程的评价与管理"时，设计了这样一张表格，要求在实践中作好记录。

**黑龙江大庆一中小组活动情况一览表（每次活动后由小组填写）**[①]

| 主题： | | | | | 课题题目： | |
|---|---|---|---|---|---|---|
| 课题组成员： | | | | | 组长： | |
| 序号 | 活动时间 | 应参加人数 | 实际参加人数 | 活动形式 | 活动地点 | 是否完成预期任务 |
| | | | | | | |
| | | | | | | |
| | | | | | | |
| 总计活动次数： | | 次 | | | 活动形式： | |

此表既便于参与研究的教师在观察中作记录，表格内容也反映了课题组对综合实践过程评价与管理的具体研究内容，如活动形式、活动参与率及活动的任务完成度等。

2.反映研究内容中要素间的关系时。有教师在"学情研究"这个课题中，用以下表格呈现了三项内容。

**初中语文学习目标和文本起点表节选（七年级上）**[②]

| 内容 | 学习目标 | 起点要求 |
|---|---|---|
| 第一单元《散步》 | 1. 了解文章主要内容，感悟作者一家人深深的亲情<br>2. 能够通过细节描写，把握文章中四个人的形象<br>3. 学会赏析语言，体会语言中富含的情感 | 1. 能联系上下文和自己的积累，推想课文中有关词句的意思，辨别词语的感情色彩，体会其表达效果<br>2. 阅读叙事性作品，能简单描述自己印象最深的场景、人物、细节，说出自己的喜欢、憎恶、崇敬、向往、同情等感受 |

显然，此表反映的是学习内容、学习目标与学习起点三者的关联性特征，表明"学习起点的研究，既要关注教材的'逻辑起点'，更要关注学生

---

[①] 田慧生.综合实践活动课程的理论探索与实践反思[M].北京：教育科学出版社，2007：109.
[②] 朱跃跃，张作仁.学情研究，走进学生学习的真实世界[M].上海：华东师范大学出版社，2016：8-9.

的'现实起点',及时调整'教学方案'"①。

(二)图的应用

这里所说的图是指结构图,包括板块结构图、流程推进图与综合关系图。结构图不仅直观,更主要的是能够反映出元素之间的逻辑关系,因此,一线教师在撰写研究报告中比较喜欢采用。

1.板块结构图的特点与应用。

板块结构图就是用来描述研究内容板块关系的结构图。许多研究课程建设的课题在呈现学校整体课程结构时所用的经典图式——圆形图,便是一种典型的板块结构图。如金华东苑小学夏美丝老师主持的"基于体验的小学生'四有'德性养成策略研究"中的"四有"德性养成的策略体系图②,同样完整、清晰地表达了此课题研究的四条核心策略。可以看出,在"四有"德性主题下的四条策略是并列关系,其形成的基础在于载体与发展目标的定位差异。

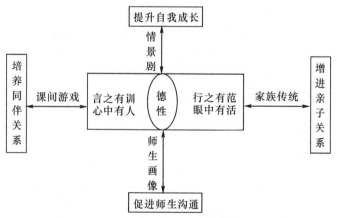

**小学生"四有"德性养成的策略体系图**

2.流程推进图的特点与应用。

流程推进图是用来描述要素之间递进关系的结构图,一般既能看出研究

---

① 朱跃跃,张作仁.学情研究,走进学生学习的真实世界[M].上海:华东师范大学出版社,2016:8-9.
② 浙江省教育科学规划领导小组办公室.浙江省2008年优秀教育科研成果选编[M].杭州:浙江大学出版社,2009:120.

的内容要素,还能看出这些要素在实践过程中的操作要点与顺序。如在"小学数学活动教学研究"的课题成果表述中,对小学生数学"问题解决"教学的过程模型作了如下的图式描述。①

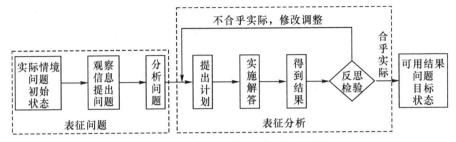

小学数学"问题解决"活动过程模型图

可以看出小学数学"问题解决"活动主要分为"表征问题"和"表征分析"两个板块,然后描述了整个过程的推进流程,既有操作要点的提示,又有循环顺序的呈现。

3.综合关系图的特点与应用。

综合关系图是指包括以上两种内容的结构图,即在图中既有内容板块的呈现,又有操作流程的呈现,能够让读者很容易看出课题研究某个内容的整体研究设计思路。如"小学数学活动教学研究"的课题成果,在对"引导—发现"探究型活动的模式描述时,就采用了综合关系图。②

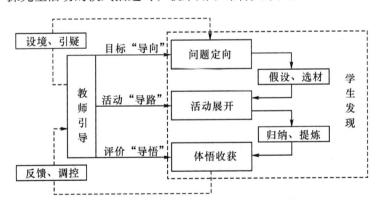

小学数学"引导—发现"探究型活动模型图

---

① 费岭峰.课堂的魅力——小学数学活动设计与教学[M].上海:华东师范大学出版社,2017:93.
② 同上.

可以看出，教师引导的三条路径目标"导向"、活动"导路"、评价"导悟"，分别有其相应的目标，且有一定的回路，还能看出这三条路径在活动模型中的相互关联性。

## 二、分析数据的图表应用

分析数据的图表，更多涉及的是统计图表。比如，用统计表来表示数据的汇总、前后的比较分析，还有柱状图、折线图、扇形图等一些专门用来直观描述数据间关系的分析工具图。此类图表更多地会在阶段性研究活动与整个课题研究中的成效分析时采用，在基于数据测量的过程实证性研究中使用更为普遍。

### （一）统计表的应用

一般在通过调查、实验等方法所取得的研究课题，需要描述课题前后的效果对比时，常会采用统计表来呈现分析数据。

**实验班和对照班七年级各学科前测和后测成绩表**

| | 学科 | 人数/人 | 成绩 | 平均分/分 | 标准差 | 提高分/分 |
|---|---|---|---|---|---|---|
| 实验班 | 语文 | 121 | 前测成绩 | 28.74 | 17.51 | 52.27 |
| | | 121 | 后测成绩 | 81.01 | 9.31 | |
| | 数学 | 121 | 前测成绩 | 29.21 | 16.49 | 30.39 |
| | | 121 | 后测成绩 | 59.6 | 16.62 | |
| 对照班 | 语文 | 137 | 前测成绩 | 58.73 | 18.61 | 14.55 |
| | | 137 | 后测成绩 | 73.28 | 17.40 | |
| | 数学 | 137 | 前测成绩 | 25.16 | 20.86 | 18.08 |
| | | 137 | 后测成绩 | 43.24 | 17.64 | |

这是一位教师在表达"初中生自主学习的课堂教学实验研究"的成效时采用的统计表，旨在描述实验班与对照班的学科成绩。[1]

---

[1] 朱跃跃，张作仁.学情研究，走进学生学习的真实世界[M].上海：华东师范大学出版社，2016：111.

从表中两班学生前后测成绩的对比，可以比较清楚地看出本课题研究的效果。

### （二）统计图的应用

在课题研究的数据分析中，因统计图更具直观、形象的优势，所以应用更加广泛。比如柱状图，可以清楚地看出数量之间的差别；折线图既可以看出数量间的差别，还能看出数量的变化趋势；扇形图则可以看出部分与总体之间的关系；雷达图可以同时对单个系列或多个系列进行多要素的对比，尤其适用于系列之间的综合对比。

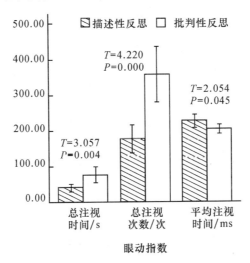

描述性反思与批判性反思独立样本T检验

上图是一位教师在"反思影响深度学习的实证研究"中对"眼动行为研究"作分析时采用的柱状图描述。①

可以看出，"对两种反思方式下的眼动指标进行独立样本T检验发现，不同反思水平下，总注视时间和总注视次数中，批判性反思组的均值均大于描述性反思组，且差异非常显著；在平均注视时间中，描述性反思组的均值则大于批判性反思组，且差异显著"。通过统计图，结合统计测量分析，能够让研究成效的描述既形象，又不失专业，体现实证研究的科学性。

---

① 刘哲雨，郝晓鑫，等.反思影响深度学习的实证研究[J].现代远程教育，2019（1）：87-95.

当然，图与表在课题研究成果表达中的应用，也要注意适当和适度。

所谓适当，即图或表的选择是否合适、恰当。比如，意欲反映内容模块的并列结构，便不适合选择表现递进结构的图。特别在有些数据分析中，需要描述数据间的连续性时，一般选择折线图；有些只需描述比较几个样本间量的多少的，选择柱状图即可。在实际提炼成果时，做到图表选择的适当，需要对内容、元素之间的关系，或相关数据所体现的价值作深入思考，明确要素之间的关系与数据反映的意义。

所谓适度，是针对现阶段一线教师在课题研究报告中"过度采用图表"的现象提出来的。在研究报告中，图表不是越多越好。因为图表虽然具有直观、形象的优点，但也会使文本割裂，造成阅读时的不连贯。因此，撰写课题研究成果报告时，还需要根据内容特点及文本格式，合理使用图表，才能提高文本的可读性，真正发挥图表的增色效用。

## 问题38：如何让附件材料为研究成果增色？

从各级各类立项课题管理中不难发现，立项课题完成研究工作之后，结题申请时需要上交的材料并不只是一份结题报告，还需要提供一些过程性资料，即"附件"作为佐证材料。另外，在各级各类教育科研优秀成果奖评审中，除了提供一份主体报告或成果主报告之外，同样需要提供一些研究的过程性资料，以支撑成果的厚度。

我们来看一些结题和成果评审文件中对材料的要求。

浙江省教育厅教研室"关于2018年省教研课题结题与教研课题成果评比的通知"（浙教研室〔2018〕29号）中，对结题课题的材料要求为，"需提交2份材料：（1）结题报告一份；（2）课题研究记载册一份"。在成果评审中要求："参评成果主报告字数不超过10000字，附件说明材料不超过50页。"

浙江省教育科学规划领导小组办公室"关于开展2018年度全省教育科学研究优秀成果奖评审的通知"（浙教规办〔2019〕3号）中，对成果评审材料的要求是：（1）《申报·评审书》；（2）合订成册的课题研究主报告或出版物，提交主报告的成果可将证明科研成果价值的论文、获奖证书等合订在主报告中，不再另交附件；（3）活页评审表。

这样的材料要求，在市级课题结题与成果评审中也有。嘉兴市教育科学规划领导小组办公室"关于2019年嘉兴市教育科研规划课题结题的通知"（嘉教科规办〔2019〕10号）中，对结题材料的要求除了提交嘉兴市教育科学研究课题结题申请表、课题研究过程记录册与课题研究结题报告之外，还需要提交"其他反映研究成果的附件资料"。市级科研成果奖评审对上交的材料同样有所规定，除了提交教育科学研究优秀成果申报表、教育科学研究成果报告之外，还需要提交"必要的辅助材料，一式一份，主要指与成果密切相关的佐证材料，如相关获奖证书，正式发表或出版的相关论文、案例等，一般不超过20页"。

无论是结题申请，还是申报成果评审，对于成果主报告之外的附件材料都有所要求。对于一线教师来说，提供课题研究过程性材料作为附件，不仅起到佐证课题研究是否扎实的作用，也可以树立一线教师的正确教育科研观：一线教师做课题研究，离不开理论学习、理性思考，更需要有"源于实践、基于实践、服务于实践"的研究行动，真正发挥课题研究为解决日常教育教学问题服务的意义和价值。

实践中，研究课题如果有扎实的研究活动，一定会产生比较多的第一手研究资料，包括研究计划材料、调查分析材料、活动设计资料、现场观察资料、开发的工具资料及阶段性思辨的资料等。

结合平时的实践，一线教师在完成课题研究之后，关于附件材料的整理存在过多、过少、过乱等问题。

问题一：过多。关于课题结题材料附件的要求，虽然文件作了一些规定，但对于有些研究者来说，认为"多总是好的"，所以总想把研究过程中的所有材料都放在其中，缺少对材料的梳理、提炼，显得材料虽多，却少有归纳、思辨的成分，致使只起到"做"的证明，而缺少"研"的彰显。比如有作调查研究课题的教师，将所有问卷的原始材料（即问卷对象的答卷）作为附件送交，这是没有意义的。

问题二：过少。这样的问题，一般会出现在新手研究者的身上，因为第一次做课题研究，所以少研究资料积累的经验。虽然平时有相应的研究实践活动，但对于研究的过程性资料不善于收集、积累，造成课题结题时第一手研究资料不足。当然，造成这种问题，不排除有些研究者的课题研究设计能力不强，平时的研究实践活动不扎实，甚至基本不开展研究实践活动，导致无法提供研究的过程性资料。一般而言，这样的课题结题质量也不会高。出现课题研究过程不扎实的问题，也说明该校的课题过程性指导与管理不到位。

问题三：过乱。这是一线教师上交结题或成果评审材料时最普遍的问题。这些教师会按照文件要求上交相应成果附件的量，但附件材料的内容杂乱无序，或者只是简单地分类，不能让阅读附件者看出课题研究的设计感、研究味。这样的附件材料，无法起到为成果增添亮色的作用。

课题研究结束了，在申请结题或申报成果评审时，如何整理好丰富的第一手研究资料，以呈现有意义的附件资料，为研究成果增添亮色呢？以下结合一些实例谈几点建议。

## 一、归类梳理

课题研究资料除了需要在研究过程中随时积累收集外，准备结题时，首先要做的便是对资料的归类整理。归类梳理是整理课题研究原始材料的第一步。在课题研究过程中，一般会产生工作性质的资料、活动性质的资料和成果性质的资料。

工作性质的资料包括计划类资料，有课题方案、研究计划及活动计划等，这些材料的产生源于课题研究工作的推进。

活动性质的资料包括研究活动的设计、组织及结束之后参与活动者的体会、感悟等。这些材料的产生源于研究实践活动的开展，是课题组团队成员参与的体现。

成果性质的资料包括思辨类材料，有文献综述类材料、问题剖析的体会，以及研究点思考基础上撰写的论文、案例随笔等材料，有些课题还包括调查后的数据分析材料。另外，还应包括一些结果类材料（即研究过程中的物化材料），如视频、学具、课件等。还有一些与课题相关的获奖、展示的证明材料。这些材料也是研究者思考研究问题、及时总结提炼阶段性成果的最好证明。

结题时，课题研究者对研究材料进行分类梳理，一是迫使自己回顾课题研究过程，二是为选择研究成果附件材料作准备。一般来说，工作性质和活动性质的资料是课题研究过程与实践活动扎实开展的证明，成果性质的资料则是撰写研究报告或成果报告的基础。

## 二、选择材料

作为课题结题报告或者研究成果附件的材料，一般需要考虑两个目的：一是呈现过程，二是补充报告。

首先，作为课题研究报告的附件材料，一大功能便是展现课题研究过程，让阅读材料者能够真切感受到该课题是扎扎实实地开展研究的，主报告是在足够深入研究基础上总结提炼而成的。因此，在附件材料的选择中，需要选择部分工作性质和活动性质的资料，考虑代表性。

比如有些课题在研究的开始阶段，关于研究主题做过调查，便可以将调查设计与调查收集的数据分析呈现在附件材料中。有的课题，注重研究活动的常态化开展，便可整理一份研究活动开展的统计表，将活动主题、时间与参与对象、效果的简单说明等归类梳理后呈现在附件材料中。这些材料都将有助于证明课题研究过程的扎实与有效。

其次，成果报告的附件也应该是研究成果的重要组成部分，具有补充主报告的功能。事实上，成果主报告有时候因字数控制，有些研究成果无法充分展开，附件材料便是对其作充分展示、补充说明的最好平台。如一位教师在省教研课题"阅读教学中学生言语能力建构的策略研究"的成果附件中，呈现了叙事性作品、说明性作品、议论性作品三种常见文体的教学案例，以补充主报告在对这三种文体教学策略展开不够的缺憾。

## 三、品质呈现

对于课题结题报告或成果报告附件资料的品质呈现，不是指材料装订与封面设计等的精致化，而是指附件内容的高品位与高品质，特别是省级及以上的研究课题，更需要在内容维度进行梳理与选择。

如有些课题在研究过程中已经有正式出版的专著，或案例集、作品集等，一般无须考虑页码要求，直接作为附件提供即可。

有些课题在研究过程中，已经围绕课题研究核心内容撰写了相应的论文或实践案例，并在国家级或核心期刊发表，那么，整理时除了将杂志的封面、目录作为附件呈现之外，还可将文章内容加以呈现，让阅读者看到完整的文章，强化影响力。这也代表该课题研究的内容得到期刊编辑的认可，并在一定范围内作了推广。

还有一些课题，在研究过程中，其研究活动或研究阶段性成果推广活动，被国家级或省级媒体作了宣传报道，或在市级及以上相关活动中作了展示推广，可将这些体现研究课题一定范围内产生影响的佐证材料，呈现在附件中，以表明课题研究成果的影响力。展示活动较多时，可汇总成表格呈现。

# 问题39：如何应对课题成果答辩？

课题成果答辩，是一项重要而有意义的工作，一般在优秀科研成果评审中采用。作为一项评审程序，评审组会根据成果答辩的优劣给予一定的分数，并记入总分。这种方法在浙江省人民政府主办的教学成果奖评审中使用过，嘉兴市教育科研优秀成果奖评审中也曾用过，而在嘉兴市南湖区每两年一届的"区人民政府教科研优秀成果奖"的评审中已作为常规程序应用。成果答辩对于成果奖评审的信度、效度确实起到重要的作用。

从过程来看，成果答辩兼具研究成果鉴定与观点碰撞、交流多重功能，既是为研究者更好地提炼研究成果，借助行政或专业力量组织的一次专家、研究者面对面交流的机会，也为成果评审专家进一步了解课题研究者的理论思辨力、科研推动力，以及课题研究成果对教育教学实践的作用提供了更加深入了解的可能性。

作为课题研究者，对待课题研究成果的答辩需要作好充分准备，认真对待，比较全面地展现研究成果，既能宣传成果，又能进一步思考研究问题，为后续深入研究奠定基础。

## 一、一般成果答辩的组织

时间要求：课题负责人或核心成员陈述成果15～20分；专家提问交流10～15分。

参与答辩的课题组成员：3～5人。

准备材料：为每位专家提供成果报告（纸质、电子均可）；陈述者一般需要制作好演讲PPT；证明成果水平或影响力的物化材料。

## 二、答辩前研究者的准备

作为课题研究者,做好课题研究成果答辩的第一件事情便是根据答辩要求精心准备。

(一)心理准备

主要是指课题研究者对成果答辩的程序要有正确的认识。首先,理解成果答辩的意义。成果答辩一般在科研成果的评审中作为一个评审环节,研究者成果答辩的好坏,自然影响到成果奖次的评定,因此经历这个程序时会比较紧张。如果参评研究者能够对成果答辩程序的意义和价值有更高层面的理解和认识,既把答辩过程看成成果展示的过程,还能把它当作通过与评审专家的交流,进一步完善成果,提升成果质量的过程,心理压力自然会小一些,准备起来也会更客观与全面。

(二)技术准备

要想比较有底气地完成课题成果的答辩,需要在技术层面作充分的准备。

1.重新审视课题研究成果,反思成果的优势与不足。

这既是对课题研究过程的反思,也是对研究成果质量的自我评价。需要研究者围绕成果报告的各个板块进行深度思考,如研究主题是否明确?研究意义、价值的表述是否得当?是否与教育教学发展的理念相符合?对核心概念的界定是否清晰?研究过程的设计是否科学、可操作?研究方法是否合理?成果的创新性表述是否准确?成果是否具有推广价值与可行性?……

有专家建议,在自我反思与自我评价时,确定一份自我评价的分析框架,即从形式、质量、成效三方面切入,编制自我评价的提纲。"提供提纲的自我评价实质上就是研究方法论的学习过程。"[1]

---

[1] 张丰.问题与建议:中小学教育科研方法新谈[M].北京:国际文化出版公司,2001:263-264.

2.邀请同伴教师或科研专家提出建议，弥补自我反思的不足。

一线教师课题研究成果质量评定的一项重要指标是，既具有一定的理论建构，又能够真正有效地解决实践问题。因此，邀请科研专家看课题成果，可以从理论建构的维度给予建议和思考；请科研伙伴或同伴教师阅读课题成果，可以从实践层面讨论成果是否具有迁移、推广的可行性，对同伴的教学是否有帮助或启发。当然，无论是科研专家还是同伴教师，他们提出的意见或建议，研究者需要作一定的审思、扬弃，适度地接纳。

3.精心梳理成果展示内容，制作演讲PPT。

整理课题成果时，一般先整体呈现研究成果的关键要素，如主题、观点与结论、论证过程、研究反思等，然后再作展开陈述。为了陈述演讲时不显得过于枯燥，PPT需要做得既简洁，观点明确，又不失生动。必要时，可以有结构图的动态呈现、实践案例的穿插说明，以及研究成效的数据展示，还可呈现一些实践研究的场景图等。

选择材料时，需要把握的基本原则是，既能清晰地呈现研究设计过程，又能展现研究成果的创新性和可推广性。

## 三、答辩时研究者的从容应对

课题成果的答辩，一则是为更深入地了解研究者的研究水平和成果产生过程，二则是关于某研究主题的再讨论、再思考，为研究者提供高位的引领与指导。因此，答辩时，研究者要充分展示研究团队的整体思考与研究实践，展现自身的研究力与团队成员的实践力。

（一）陈述成果内容时，注重整体，突出亮点

研究成果的主报告一般在8000~10000字，答辩时间只有15~20分钟，要想什么内容都说，时间不允许，更何况已经提供了成果的主报告和一些佐证材料，也没必要逐字逐句地介绍整个报告。陈述成果的主体内容时，"先整体，再展开，突出亮点"不失为一种好方法。陈述者一定要注重呈现科研成果的研究味、创新性和影响力。

所谓研究味，即需要清楚地表达研究设计整体框架、研究路径的逻辑关系、研究效果的可测性。所谓的创新性，可以体现在整体的研究设计上，也可以体现在研究策略路径上，还可以体现在实践案例上。有时无法从整体上呈现的创新元素，可以从部分内容来谈。对于创新性来说，"有，聊胜于无"是一线教师做教育科研的一条基本法则，即努力发掘可突破的元素。

还有一条，就是展现研究成果的影响力。一般来说，评为高奖次的教育科研成果，除了成果报告的文本质量比较高外，还需要一定的影响力。课题成果的影响力，一般反映的正是研究成果的深度和广度。影响力比较大的课题成果，一般是经过了多年的实践、研究之后总结提炼的，其在实践层面涉及的范围相对较广，有过重复性实验的可能性比较大，可能是做过多轮研究之后总结出来的。另外，这类研究成果一般会在不同的场合做过专题介绍，或者开展过正式的阶段性成果展示活动。正是在不同场合、不同级别的活动中做过推广或专题介绍，它的影响力才不断扩大。

### （二）回答专家提问时客观表述、从容应对

一般来说，专家提出的问题，答辩者想作充分准备，还是比较有难度的。因为答辩评审专家的提问方式与内容，很多时候与专家自身的研究视角、喜好及思维习惯有关。因此，无论专家提出的问题答辩者有无作过准备，回答时表述客观、有逻辑，便是好的回答。

对于课题核心内容，属于研究成果亮点内容的，可作充分展开，还可提供实践案例作说明。如果属于研究者在研究中没有想到、研究报告也没有阐述的，则可作短暂思考，再作阐述。当然，也可由其他课题组成员作补充，还可向提问专家求教改进的办法。

一般来说，总体问答时间为10分左右，专家问题控制在2个。因此，每个问题的回答时间控制在4分左右比较恰当。

## 四、答辩后研究者的再思考

成果答辩是成果评审的一个环节，所以在很多研究者看来，答辩后对课

题研究的思考基本也就结束了,而对于对研究课题有深入研究与思考的研究者则不同,他会对课题研究中产生的新问题保持高度的敏感。可以说,答辩后成果获得好奖次固然重要,但专家提出的问题也值得课题研究者作更深入的参考。

这也印证了前文谈到的课题研究的选题方式,即基于已有研究课题的深入研究。

# 问题40：如何扩大课题研究成果的影响力？

课题研究不应该止于结题，而是需要将取得的研究成果应用于实践，甚至为更多的教师解决实践问题提供帮助。这就涉及课题研究成果的推广问题，即需要扩大研究成果的影响力。"科研成果形成后要产生一定的影响才能够证明其价值。"①在学术层面，科研成果的影响更多地体现为"观点引用、内容摘编、文献参考、全文转载、文集收录、引发争鸣"等，着重于理论、观点及思想层面的交流与认可。

一线教师所做的教育科研课题，其影响力更多地体现在教育教学观念与实践行为的交流与认可、教育教学问题解决策略的被接纳与应用，即教育科研成果形成后，通过各种平台的展示交流、宣传推广，为其他学校、教师学习并运用到教育教学实践中去，帮助其解决教育教学实践问题。"这种影响是最为关键和重要的影响，最应该受到关注和重视。"②

而在实践中，一线教师研究成果的推广率是比较低的，原因有多方面，包括一线教师教育科研的目标定位、研究环境的个性化特质、研究成果的质量等。其中一个重要的原因，与一线教师的科研成果推广意识薄弱有关。一线教师做教育科研，更多地扎根于自身的实践，研究解决自身的教育教学问题，缺少"通过协作，通过推广，通过扩大影响"来提升课题研究成果质量的意识和方法。实践表明，许多课题研究成果的质量，正是在推广、扩大影响的过程中加以完善与成熟起来的。这种推广与影响正是体现研究成果重复可验性的特质。

本节就如何扩大一线教师课题研究成果的影响力谈几点做法。

---

① 李冲锋.教师如何做课题［M］.上海：华东师范大学出版社，2013：258-259.
② 同上。

## 一、扎实做研究

一项研究成果,想要扩大影响力,最根本的在于将课题研究过程做扎实。这与一线教师做教育科研的初衷相一致。对于一线教师来说,做课题的目的不是构建理论,而是更好地解决教育教学实践问题。形成的研究成果,能够回归实践,在解决实践问题的过程中确实产生了作用,表明这项课题还是比较有效果的。这需要课题研究过程的"扎实"。

能够得到推广的教育科研成果,其研究过程的扎实,除了体现在选题顺应教育发展的时代要求、符合教育教学规律之外,还在研究实践过程中表现出两个特点:一是思考的深度,二是实践的效度。

一项研究课题中,研究者思考的深度往往决定着课题研究成果的高度。研究过程中,思考的深度主要体现在:研究设计是否符合教育规律、学习理论?研究框架是否具有逻辑结构,可以承受质疑?研究活动是否遵循学习者的认知规律?实践的效度,就是从结果来看研究效果,即通过研究,在课题研究对象层面能否看到显性效果。比如,有些涉及课堂教学改革的研究课题,人们最关注的便是研究之后学生的学习效率是否变化,教学质量是否提升,学生的学业成绩是否提高……

要产生这样的效果,课题研究过程必须是扎实的。唯有扎实,才有成效;唯有扎实,才有生命力。

## 二、经验善总结

一项研究课题,从立项到结题,时间跨度一般比较长。具有一定影响力的课题,也不是一两年研究即可完成的。厚积薄发、"一炮打响"的课题也是有的。但更多的研究课题,其成果的影响力需要在研究过程中不断地总结、推广,逐渐形成。这样形成的影响力也会是可持续的、有根基的。因此,对一项研究课题来说,在研究过程中及时地总结、提炼阶段性成果,寻求各类平台展示,是一种提升影响力的比较有效的方法。

比如，将课题研究过程中围绕研究内容的实践、思考写成的论文、案例或随笔、短章积极地投稿、发表，便是一种很好的宣传课题阶段性成果、扩大成果影响力的方法。很多时候，会议发表或活动中交流发言等的机会还是比较少的，但通过投稿给期刊相对更自由些。只要撰写的文稿有一定的质量，发表的可能性还是比较大的。

当然，投稿杂志要有"三注意"：一要注意文稿的样式适合该杂志；二要注意观点、理念符合教育改革的大方向，且有一定的创新性；三要注意文字的质量过关。开始可在级别低的杂志上投，达到一定水平时可再投等级高的杂志。相对来说，在等级越高的期刊上发表，产生的影响力也会越大。

对于一线教师来说，有时候学术论文的写作不多，那就多总结研究过程中的一些案例实践，以案例式的文字呈现课题研究的创新点与阶段性成果。这样的文稿，也比较适合在教学类期刊上发表，同样对提高课题研究影响力有帮助。

在课题研究过程中及时总结提炼的研究感悟、观点论文与案例实录等，可以通过结集出版，或者建设课题研究专题网站，通过网络宣传推广。这也是扩大课题研究成果影响的好方法。

## 三、平时巧宣传

课题研究成果的宣传、推广，并不是只有通过正式的推广活动才能扩大影响，在平时的各项工作、活动中，只要有本课题研究成员参与，且时机合适，都可以宣传推广本课题的研究过程、研究思路、研究成果。

最可行，也最为常见的，就是一些以课堂教学实践研究为主题的课题，只要学校、区域内有课题组成员参与课堂教学研讨活动，便可以将相关研究课题体现在展示研讨课中，呈现研究思路。如果有说课等介绍教学设计意图的机会，更可以将课题研究设计的一些想法结合进去，展现给研讨人员，供大家指正，从而扩大研究课题的影响力。

再如，一些以"家庭作业改革创新"为主题的研究课题，有时在课题研究的开始便可通过问卷调查等方式，在家长中作宣传，以求得家长、同伴的支持，还可以借助家长的外部影响，推广课题研究的一些思路、策略，增强影响力。在这个过程中，一是需要关注课题研究效果，二是需要有阶段性地"回馈"，即通过阶段性回访，了解家长对作业改革效果的评价等，以刺激家长的认同度，也为研究策略的改进收集第一手资料。

还有如一些以"学生德性素养发展"为主题的研究课题，则可结合平时展示活动的宣传报道，将课题研究的理念、设计思路及阶段性成果通过媒体（纸媒或电子媒体）进行总结宣传。

## 四、活动真推广

专门的课题成果推广活动，是扩大研究课题成果影响力最有效、最重要的方式。一般而言，可以组织专门的课题成果推广活动，但这对其成果质量的要求相对比较高，前期也具有一定的影响力。对于课题研究成果展示活动，需要精心组织和策划。

一个专门组织的课题成果推广展示活动，一般包括三个部分：（1）成果整体研究设计介绍；（2）回归实践的展示分享；（3）专家点评环节（或与会人员的互动交流）。

（1）成果整体研究设计介绍。向与会人员展示研究课题成果的主体内容与创新性，一般需要作特色的结构化呈现，有可推广性的说明等，让与会人员对研究课题有总体的印象，为后续观察、体会实践性成果作准备。介绍时，可以有核心成员一人介绍与团队成员分工介绍两种方式。

（2）回归实践的展示分享。即将课题研究的设计与实践成果，回归到实践中加以应用，以体现研究成果的实践效用，为与会人员借鉴与应用成果提供范本。展示分享的形式，一般有静态的结果类（如作品等）和动态的实践类（如教学展示等）。

（3）专家点评或互动交流。希望通过观察者的角度，审视研究成果的理论建设水平和实践应用价值。这也是在论证成果推广的可行性。因为成果有推广的意愿，与会人员有借鉴应用的想法，所以成果迁移应用的可行性需要得到与会人员的认可、接纳。唯有如此，成果才有推广的可能性。

当然，因为由上级教育科研部门或行政部门专门组织课题成果推广活动的机会相对较少，所以各级各类的科研成果推广展示活动中，会对多项优秀成果进行集中推广。这对于有机会展示的成果而言，需要做好成果的创新性、迁移的可行性介绍，以便其他人员吸纳与借鉴，也可推广成果的实践范围，展现成果的影响力。

## 课题"研究报告"示例：

# 幼儿体育集体教学活动"四有"设计与实施研究[①]
### 浙江省嘉兴市南湖区教育研究培训中心课题组

## 一、研究缘由

《3—6岁儿童学习与发展指南》（以下称《指南》）中指出了健康领域在幼儿学习与发展中的重要地位，体育活动又是健康领域中的重要组成部分，是促进幼儿全面、和谐发展重要途径。幼儿体育集体教学是实现幼儿体育活动任务的基本途径之一，是由教师立足教学目标、教学任务和教学内容来组织和实施教学活动的过程。"各种体育活动的组织形式都带有一定的局限性，无所谓好坏、优劣，关键在于能互相补充、互相配合，以求全面地实现幼儿体育活动的目标与任务。任何取消幼儿体育集体教学，忽视幼儿体育课价值的想法和做法都是不可取的。"[②]

### （一）我区体育集体教学现状分析

结合《指南》精神，综观我区幼儿体育集体教学存在如下问题。

问题一：目标取向——定位极左极右。一直以来，幼儿园体育活动的种种特殊性和体育目标理论研究不足等问题，使得当前体育集体教学的总目标、每个具体活动的目标都面临极左极右的价值取向。一类教师认为预设的体育集体教学应重视情感目标，不可以触及动作技能方面的目标设定，否则就是违背《指南》，具有小学化倾向；另一类教师又曲解了《指南》健康领域目标要求，过于强调动作的规范与达成等。

---

[①] 此研究报告获浙江省教育厅教研组织的2018年度教研成果评比一等奖。课题负责人是嘉兴市南湖区教育研究培训中心的陈微老师，课题组成员：柯爱萍、汪莉娜、王益茵、邵妍凤。报告执笔人：陈微。

[②] 谭文凤.对幼儿园体育活动的新认识[J].新教育时代电子杂志（教师版），2014（29）.

问题二：内容体系——选择随意无序。"幼儿体育活动内容是一个有序结构的系统，这个系统及其产生的功能对幼儿的发展产生影响作用。结构是系统内部各要素的组织形式，功能是系统在一定环境中所能发挥的作用。"[①]但就目前我们采用的浙江省审核通过的教材中，体育集体教学都未按系统进行编制，这使一线教师在实际教学中只有东选一节、西挑一节，大多数一线教师根本没有遵循人体生理技能活动变化规律、幼儿的特点及动作技能形成发展规律来选取合适的内容。

问题三：活动形式——方法无所适从。在日常教学中经常可见：有的教师组织体育集体教学活动时形式单一，大部分教师还是以讲授教学让孩子学会一些动作。有的教师组织体育集体教学活动时又形式复杂，挖空心思创造千变万化的环境、材料，在短短20分钟，不停地变换场景、道具。试问形式单一或者不断地寻求新的活动方式是为了什么？《指南》提出：我们要让幼儿获得更多自由、自主、自动进行活动的机会，使幼儿通过与环境中的人和物发生交互作用，锻炼身体，发展基本动作。

问题四：评价总结——缺乏科学指导。目前，就体育集体教学而言，无论新教师还是有经验的教师，一个较为明显的共同困惑是组织教学评价难。（1）不知道在组织活动时评价什么。在教学活动中，教师对于评价幼儿的动作，还是学习品质无所适从。（2）不知道如何评。在教学一线，我们经常听到幼儿教师一般只会用"你真棒！""加油！"等简单的语言手段对幼儿的体育活动进行评价。（3）不能准确地选择谁来评。每个节点的评价由教师评还是幼儿自评或者同伴互评，甚至回家让家长帮忙评，大家都摸着石头过河。

### （二）从核心经验对体育集体教学活动"四有"设计与实施的思考

1. 核心经验满足《指南》推进的现实需要。

《指南》的颁布在中国学前教育领域具有里程碑的意义，它将对儿童不同领域的预期产出与儿童的年龄、发展阶段结合起来。当前，教师在贯彻《指南》时遭遇一些困境，这与教师对学前儿童健康领域PCK知识掌握不充分

---

[①] 田云平.系统论在体育教学与训练系统中的运用[J].科技信息，2011（35）.

有着密切关系。核心经验的介入，如同在《指南》与教学实践之间搭建桥梁。在体育教学中，可以从核心经验的阐述中找到体育教学设计与实施的策略。

2.核心经验填补教师学科知识和学科教学方法的不足。

核心经验能帮助教师了解幼儿运动涉及的身体素质、基本动作与运动能力的关系，让教师掌握三种类型的知识：儿童的学习轨迹、儿童在学习新概念时容易出错的地方、儿童的个体差异性。同时，核心经验让教师在指导过程中确定相适应的教育目标和指导策略。

3.核心经验与体育集体教学活动"四有"设计与实施的链接。

课题组从原本无核心经验渗入、无序列、随意的教学设计中走出来，根据《指南》精神，依托《人类动作发展概论》中的理论支撑，从凸显的现状问题为入手，研究幼儿体育教学活动从极左极右的目标转向目标有依、从随意无序的内容体系转向内容有序、从无所适从的活动形式转向形式有玩、从缺乏指导的评价转向评价有维的"四有"设计。

## 二、研究历程

散点研究阶段（2012.8—2016.8）：以研训中心零星组织体育集体教学研讨活动、体育特色为主的幼儿园自我研究推广的散点式状态存在。其间有论文发表于《早期教育》或省级刊物，相关成果出书或荣获省级成果奖。点上成绩斐然，但是区域面上的体育教学状态不均衡。

全面推进阶段（2016.8—2018.8）：组建以幼教教研员、科研员、浙江省中小学体育特级（正高级）教师、前期获得一定成果的幼儿园骨干教师为主的课题组核心团队，以点带面、以小入手，以"四有"设计为抓手，全面推进区域全体教师的体育教学专业素养。其间适用于幼儿教师体育教学的活动设计成册，相关成果高度显现了区域性的全面提高。

已知未知阶段（2018.8后）：基于体育集体教学的"四有"设计，本课题组放眼未来，就省教研室提出的关于幼小衔接工作重点，融新知、扩范围、乐推广，继续打开已知的未知篇章。

## 三、成果内容

### （一）理论建构

1.实施理念。

幼儿园体育集体教学活动必须坚持幼儿立场，清晰地掌握幼儿基本动作发展的核心经验，立足幼儿已有的动作经验水平设定活动目标、活动内容和以游戏为主的方法路径，提高体育教学促进幼儿动作发展的质量。要增强每个幼儿的体质，使幼儿的体质在原有水平上得到一定程度的增强和提高，没有统一的达标要求。

2.概念界定。

幼儿园体育活动：幼儿园体育活动有户外体育活动、早操、体育集体教学三种基本形式。三者相辅相成，互为依托，形成幼儿园体育教育的整体。

幼儿体育集体教学活动：以课程为导向的一种有目的、有计划、有组织的教育活动。它是以身体动作的练习为主要内容，发展幼儿的基本活动能力，注重幼儿身体的全面锻炼与发展。

动作核心经验："核心经验是指对于儿童掌握和理解某一学科领域的一些至关重要的概念、能力或技能。"[1]就健康领域而言，动作核心经验是儿童在这一年龄发展阶段中可以获得的最基础、最关键的动作发展和能力。本课题的动作指走、跑、跳、踢、投（抛、掷）、滚爬（钻、攀）六类。

幼儿体育集体教学活动"四有"设计与实施研究：本课题从体育教学目标有依、内容有序、形式有玩、评价有维四个维度着手，进行设计和实践研究，探索出基于动作核心经验的"四有"体育教学设计与实践策略，有效地让幼儿在体育集体教学中体验到运动的快乐，促进动作能力的全面发展。

3.顶层设计。

---

[1] 廖小敏.基于数学核心经验的幼儿区域活动"数学化"实施策略[J].课程教育研究，2017（36）.

基于以上理性思考，本课题的研究成果主要体现在基于动作核心经验的体育集体教学设计和实践中建构"四有"策略。主要整体框架设计如下。

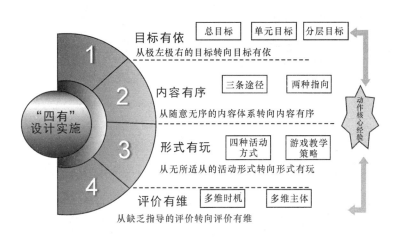

**幼儿体育集体教学活动"四有"设计与实施框架**

（二）实践操作

1.目标有依——将动作核心经验提炼为体育集体教学目标。

幼儿期是身体动作发展的关键时期，必须把握动作发展的核心经验，从而促进幼儿个体的全面发展。本课题首先借助《指南》的目标和典型表现以及《人类动作发展概论》一书，梳理3—6岁幼儿动作发展的核心经验，为设计与开展体育教学提供有效的依据。

（1）核心总目标定位。

充分体现《指南》精神，基于动作序列、动作发展特点设计教学，对接相应策略；激发幼儿对体育集体活动的兴趣，发展幼儿的基本动作，以提高幼儿体质作为最终的发展目标。

（2）核心动作单元目标。

确定基于六种动作核心经验的单元目标，这些核心经验是实现目标的桥梁（如下图）。

**基本动作"走表"单元**

| 3—4岁 | 4—5岁 | 5—6岁 |
|---|---|---|
| 1.向指定方向走 | 1.简单队列走 | 1.闭眼走平衡5 |
| 2.走直线 | 2.在较高平衡木上走 | 2.分、合队走 |
| 3.一个跟着一个走 | 3.持轻物走 | 3.提踵走10 |
| 4.听讯号走 | 4.走跑交替 | 4.迅速变队走 |
| 5.走斜坡 | 5.倒走 | 5.各自螺旋队列走 |
| …… | …… | …… |

（3）分层目标的具体描述。

基于六种动作单元下的具体动作核心经验，确定具体且有操作性的目标要求，用于教学活动的设计与组织。

**基本动作"跳"单元中的触物跳具体目标**

| | 通过双脚向上跳后，双手触碰各种材料，锻炼下肢力量，提高弹跳能力，发展身体的平衡能力。 | | |
|---|---|---|---|
| 教学内容 | 适用学期 | 核心动作 | 教学分层目标 |
| 小球跳起来 | 小班下 | 触物跳 | 通过双脚跳起双手触碰物体，发展幼儿身体控制与平衡的能力 |
| 沙包跳起来 | 中班上 | | 通过双脚跳起并将目标物粘在悬挂物上，逐步提高弹跳能力 |
| 玩偶跳起来 | 大班上 | | 通过双脚跳起，取放各种器械材料，逐步锻炼下肢力量，增强幼儿的平衡能力 |

2.内容有序——将动作核心经验转化为体育集体教学内容。

以梳理的动作发展核心经验为主线，根据幼儿的年龄特点及原有体育教学内容，进行多种途径融合，转变原有教学活动无序列、无核心的问题。

（1）三条途径。

根据科学性、趣味性以及简易性的原则，本课题从三条途径对幼儿园原有体育教学内容加以梳理归类。

途径一：筛选——现有体育教学教材。围绕各套省审核通过教材中的体育教学活动以及省教研室主编的《浙江省经典体育游戏》，基于核心动作内容进行筛选。

途径二：改进——现有幼儿园自创体育教学活动。幼儿园现有自创的体育教学活动进行提炼与改进，形成符合本课题价值取向的体育教学活动。

途径三：创编——基于动作能力发展规律设计体育教学。根据幼儿运动能力发展的规律，添补系列内容，创编新的体育教学活动。

（2）两种指向。

①指向活动中幼儿基本动作发展这一维度，对体育教学内容进行重新归类。

**小班体育集体教学内容（下）**

[重新归类]

| 单元（基本动作） | 具体动作 | 教学内容 |
| --- | --- | --- |
| 走 | 侧身走 | 连体人 |
| | 倒退走 | 我是倒车小能手 |
| 跳 | 高跳下 | 小花猫捉老鼠 |
| | 双脚夹紧跳 | 小兔子采蘑菇 |
| | 双脚夹球跑 | 小海狮运球 |
| 跑 | …… | |
| …… | …… | |

②指向幼儿的年龄特点，将身体动作发展内容由易到难地排序。

**滚爬（钻、攀）单元**

| 级别 | | 形式 | 主要功能 | 适合年龄 |
| --- | --- | --- | --- | --- |
| 一级 | 方向 | 单一方向爬行（向前） | 增强腿部力量，提升手和脚的协调性，初步感知空间和平衡能力 | 小班上 |
| | | 四散爬行 | | |
| | | 无队列爬行 | | |
| | | 无障碍爬行 | | |
| 二级 | 方向 | 向前爬行 | 增强腿部力量，感知空间方位，提升幼儿控制能力 | 小班上 |
| | | 向前曲线爬行 | | |
| | 方式 | 短距离爬行 | 增强腿部力量，提升手脚眼的协调能力和平衡感 | 小班下 |
| | | 手膝爬行 | | |
| | | 钻爬 | | |
| | | 侧身滚 | | |
| | | 纵向爬（攀爬） | | |

3.形式有玩——将动作核心经验指向体育集体教学活动方式。

幼儿园体育集体教学的一个重要特点，就是要体现游戏性。[①]因此，游戏策略是组织实施不同体育集体教学的重要手段。本课题构建了四种教学活动方式，并将动作核心经验与游戏策略运用有效链接，体现出独特的"有玩味"——玩有所得、玩有所乐。

（1）构建四种体育教学活动方式。

方式一：以动作发展为主要导向的体育教学活动方式。

基本流程设计：

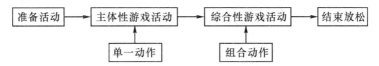

适用：本方式以关注幼儿基本动作发展为核心，主要包括走、跑、跳、投、滚爬等人体基本动作。通过创设各种模仿人物、动物等的情境活动，引导幼儿积极、大胆、安全地进行各种基本动作的练习，抓住人体基本动作发展的关键期，以单一练习来发展动作，以组合练习来运用及巩固动作，促进基本动作的发展。

【跳的动作案例】（小班）《从高处向下跳》：从垫子向下跳（单一动作）→从垫子向下跳后+向前跳一次（跳与跳的组合）、从垫子向下跳后+向前跑5米（跳与跑的组合）……

方式二：以运动智能为主要导向的体育教学活动方式。

基本流程设计：

适用：本方式以关注幼儿身体运动智能发展为核心，主要包括平衡、协调、弹性、敏捷、速度、力量及由各种感官所引起的能力。以各种身体活动为载体，通过方向、空间、速度、运动物体的大小等变化练习，抓住身体运动智能发展的敏感期，引导幼儿身体运动智能发展。

【平衡能力的案例】（大班）《小篮球：运球》：运球（平衡智能）→运球+

---

① 赵丹伟.论茂区幼儿园体育活动的开展.[J].文理导航·教育研究与实践，2014（6）.

行进运球（平衡与速度智能）、原地运球转圈+投筐（平衡与协调智能）……

方式三：以探究活动为主要导向的体育教学活动方式。

适用：本方式以幼儿创新意识、探究能力发展为核心，主要包括对某种相对陌生内容或事物的认知，从而形成多元思维及多元动作表现形式的活动方式。以物体和动作为载体，通过对物体的一物多玩及动作的多元表现来发展幼儿的探究能力。

基本流程设计：

【探究合作案例】大班《快乐伙伴向前进》：本次活动由原来"两人三足"的规则性游戏到"合作走"的探索方式，尝试自主探索处理好两人及多人在"走"与"合作"之间的关系，共同完成走的任务。

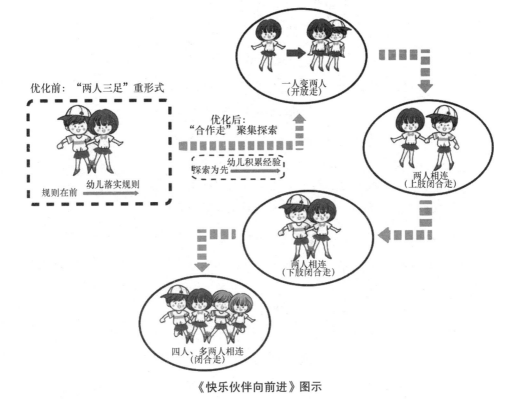

《快乐伙伴向前进》图示

方式四：以社会性规范为主要导向的体育教学活动方式。

基本流程设计：以社会性规范为主要导向的方式不适宜组织专门的教学活动，而应渗透在上述三个活动方式中的任何环节，做到无声胜有声。

适用：本方式以培养幼儿的规则意识及合作意识为核心，主要包括遵守规则、活动与安全要求、同伴相互交流、共同游戏等意识。以游戏为载体，结合队列队形、运动器材规整、运动秩序等内容来培养幼儿的社会性规范。

以上四种教学方式并不是孤立单独存在的，操作时不能也不可能简单地割裂开。教学中，教师要根据教学目标、教学内容，有机地把四种教学方式进行整合，整合后的教学可能会出现以下三种类型。

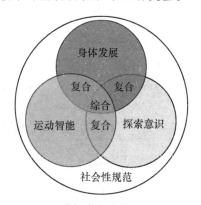

**四种教学方式关系图**

单一型：就是在一个集体教学中只体现出一个方式。

复合型：就是在一个集体教学中体现出两个方式，如身体发展与身体运动智能的组合、身体发展与探究性的组合、探究性与身体运动智能的组合。

综合型：就是在一个集体教学中三个维度都得到体现。

在体育集体教学中，社会性规范始终存在，其他三种方式所占的权重比没有统一的规定，应根据教学需要来确定，但是更希望在教学中多呈现出复合型与综合型的教学活动，使幼儿在集体教学中得到全面的发展。

（2）提炼以游戏为主要形式的教学策略。

基于内在本质的游戏策略——聚焦动作核心经验本质让幼儿玩有所得。

变式一：动作序列的层次性设计。

适用：通过研究围绕同一动作的游戏内容按难度依次设置，设置依据为动作核心经验、幼儿发展规律及不同年龄阶段幼儿或同一年龄阶段不同发展的幼儿能力。

例：核心动作"抛接"。

动作层次性变式：单手投（近距离）——双手投——左右手交替投——增加击掌一次投接——击掌二次投接……

变式二：多个动作的组合性设计。

适用：通过游戏情境的创设将相同核心经验的几个动作相互搭配，设计更具挑战性的游戏，让幼儿在游戏中不断挑战、深入探究，在多次丰富的游戏中逐步内化核心经验。

例：核心动作"投、跑、踢"。

投+跑变成：投——跑+投；

运+踢变式：运球——运球+射标志物。

变式三：多种维度的扩展性设计。

适用：设计游戏内容时，为了游戏内容的丰富性，可以将游戏内容从空间、口令、力量、路线、方向、幅度等维度设置。

例：核心动作"踢"。

方向变成：直线运球—曲线运球—绕圈运球……

数量变式：单圆点运球—双圆点运球—多圆点运球……

②基于外显形式的游戏策略—聚焦体育多元趣味特性让幼儿玩有所乐。

体育教学是游戏和学习的统一，有时游戏性大于学习性，所以体育设计与实施的过程中凸显游戏性，让幼儿乐于参与。

第一，各种主题情节的引入。

以故事情节或者某一主题活动贯穿在整个活动，身体活动的内容始终围绕情节发展或者主题深入而展开。[1]例如"小白兔森林采蘑菇"，幼儿扮演小兔子，要跳过"小河沟"（一根粗绳）、走过"独木桥"（一块平衡木）、钻过"小山洞"（一个拱门），才能采到蘑菇，小兔们欢乐舞蹈。在这种情境主题下，幼儿既能从中体会到收获的艰辛和愉快，又能练习相应的身体动作，发展有关的身体素质和动作能力。

---

[1] 江苏省中小学教研室.教师指导用书.小班[M].南京：江苏少年儿童出版社，2003.

第二,各种道具器材的植入。

材料的新颖、多样、变化,能激发幼儿参与活动的积极性。例如,走平衡木时,让幼儿手拿一些喜欢的物品,他们非常喜欢,也增加了一定的难度;在悬挂着的绳子上设置一些响铃、彩球等物,幼儿练习纵跳拍物时兴趣盎然。

第三,各种竞赛游戏的加入。

对年龄较大的幼儿来说,适当地加入竞赛的因素,能提高幼儿活动的积极性,"使幼儿在参与身体活动时更加努力和投入,注意力更加集中"[①]。例如,开展个人与个人之间的比赛、小组与小组之间的比赛等。

4.评价有维——将动作核心经验渗透体育集体教学的评价部分。

《指南》指出:要尊重幼儿发展的个体差异。多元机制的评价方法能使不同发展水平及能力的幼儿获得各自现有水平的发展,尽管是基于动作核心经验的评价,应该更尊重和接纳幼儿之间的个体差异,尽量少做横向比较,采用多种评价的方式对不同幼儿进行适宜的评价,使他们在原有水平上有所发展和进步。

(1)多维时机评价,明确幼儿习得路径。

评价活动不是只存在于幼儿掌握了基本动作之后,对于动作达成的判断评价,而应多维存在于整个习得的过程。评价应注重幼儿活动过程中的言行。例如:当幼儿出现(提出)问题的时候,可以评价,因为评价可以让幼儿感知所出现(提出)的问题指向性是否明确,在此过程中的适时评价可以让幼儿获得正确的学习路径。

**原有评价方法与多元过程评价对照**

| 维度 | 以往单一结果评价方式 | 多元过程评价方式 |
| --- | --- | --- |
| 知识与技能 | 笼统,没有针对性:××小朋友跳得好…… | |
| 行为与过程 | 概括,随意性:如,不错!很好! | |
| 情感与态度 | 语言表达式:你的表现真棒!红花奖励式 | 共勉式:××小朋友刚才能够连续跳过障碍,我们为他鼓掌吧! |

---

① 江苏省中小学教研室.教师指导用书·小班[M].南京:江苏少年儿童出版社,2003.

（2）多维主体评价，提升幼儿体育品质。

评价的主体未必一定是教师，可以是幼儿，也可以是家长等，多维主体的评价，才能共同促进幼儿的体育品质（兴趣、坚持、毅力、挑战……）。

在体育集体教学中，教师还是评价的主体，要积极鼓励和评价幼儿的努力行为，因此教师的评价策略有语言激将、变换表情、语言暗示、即刻表扬、肢体语言、小小测试、恰当提问、动作展示、正误对比、评价手册等。

在评价的过程中，可以激发幼儿参与评价的主动性，发挥幼儿的积极作用。幼儿同伴互评策略有观察指正、组内展示、推荐PK、手势妙用、标志提示、明星推选。不同的活动，我们可选择的评价主体也是不同的。教师可以引导幼儿自我评价，更能使幼儿清楚地认识到自己，还便于教师了解幼儿的发展水平。幼儿自评策略有自言自语、同伴比照、参照图板、动作暗示、点将陈述等。

家长虽然没有在第一时间参与幼儿的体育集体活动，但是活动后幼儿回家运用习得运动的方法等种种反应，也是家长作为评价的重要依据。家长评价策略有周期拇指墙、表格填写、宝贝我真棒等。

## 四、研究成效

基于动作核心经验的幼儿园"四有"体育教学活动设计与实施，可有效推动区域幼儿园体育教学实践改革。

1.厘清基于动作核心经验的六类动作发展要素及必要性。

动作发展是跨越整个生命周期的复杂过程，是每个生命体都具备的。本课题将幼儿动作核心经验梳理为走、跑、跳、踢、投（抛、掷）、滚爬（钻、攀）六类。这些动作分为操作动作与位移动作，操作动作也可称为器材操控，如投（抛、掷、击、挥、接等）和踢；位移动作也可称为身体移动，如走、跑、跳、滚爬等。这些动作技能的发展有其特定的序列，这个序列被认为是线性的，即动作技能由不成熟、低效率的阶段发展到成熟、高效的阶段，幼儿正处于不成熟、低效率的阶段。

**六大动作发展要素表**

| | 身体移动 |
|---|---|
| 1.走 | 走是实现身体移动的基本技能之一，是人的基本、自然的移动方式 |
| 2.跑 | 视为走的发展和延伸。与走相比，跑有一个短暂的腾空过程 |
| 3.跳 | 是一种身体弹射技能，它包括双脚的腾空及落地 |
| 4.滚爬（钻、攀） | 爬行是儿童最早的身体移动方式，直立后虽然较少用，但是直到6岁仍喜爱钻爬、攀登 |
| | 器械操控 |
| 5.投（抛、掷） | 投的动作发展了上肢肌肉力量和动作的协调性 |
| 6.踢 | 是用脚来击打的一种动作方式 |

个体出生至16岁是生命的幼态持续阶段。这是人类机体特有的，以大脑皮层为核心，逐步发育成熟的阶段。这个过程不仅是动作发展的一个必然阶段，而且通过动作技能的发展过程，也促进幼儿运用身体认识世界能力的发展（身体知）。动作是构建人类最早期智慧大厦的基石，所以动作的发展促进了人的全面发展。

2."四有"设计与实施推动区域层面体育教学改革卓见成效。

厘清基于动作核心经验的六类动作发展要素之后，本课题架构了目标有依、内容有序、形式有玩、评价有维的"四有"体育教学策略，有效推动了区域体育教学改革。两年中，课题组将教学研究活动汇编成册，为区域教师提供小中大各阶段的体育教学蓝本，其他相关研究也硕果累累，其体育教学活动在省市具有一定的影响力（见下表）。

**课题研究过程相关成果汇总统计表（2016.8—2018.8）**

| 内容类别 | 数量 | 级别 | | | 奖项 | | |
|---|---|---|---|---|---|---|---|
| | | 省级 | 市级 | 区级 | 省级 | 市级 | 区级 |
| 相关子课题立项情况与课题成果获奖 | 29项 | 1 | 10 | 18 | | 市一1；市二2；市三3 | 区一3；区二7；区三3 |
| 论文获奖情况 | 33篇 | 21 | 11 | 25 | 省一3；省二5；省三12 | 市二8；市三3 | 区一18；区二7 |
| 论文发表情况 | 5篇 | 全国核心刊物1；省级刊物2；市级刊物2 | | | | | |
| 经验交流情况 | 14次 | 2 | 6 | 6 | | | |
| 课题相关教学展示情况 | 47节 | 3 | 16 | 28 | | | |
| 各协作幼儿园相关运动成绩汇总 | 37次 | 16 | 21 | | 省一6；省二1；省三9 | 市一4；市二7；市三10 | |
| 协作组幼儿园省级荣誉称号 | 3项 | 1所幼儿园为"浙江省第四批幼儿体育示范幼儿园"；2所幼儿园为"浙江省体育特色幼儿园" | | | | | |

从动作技能发展转向动作能力的全面提升，有效促进幼儿身体平衡、控制、移动、操控等运动能力的发展。

在两年多的研究与实践过程中，幼儿作为最终受益者获得有益的发展。他们在参与过程中，感受着趣味性体育游戏，体验着运动乐趣，运动精神日渐提升。"好运动、爱运动、乐运动"已初步表现于幼儿的外在行为中，运动能力显著提高，主要体现在以下方面（见核心实验园数据）。

1.控制能力和平衡能力充分发展。幼儿在运动过程中表现出很好的柔韧性、灵敏性、力量、速度、耐力等。

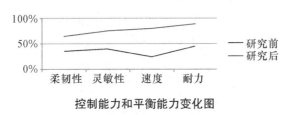

**控制能力和平衡能力变化图**

2.身体移动能力明显增强。以中班幼儿为对象开展实地调查，幼儿的位移能力明显提高。

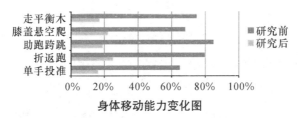

**身体移动能力变化图**

3.器械操控能力显著提升。以大班体育教学活动"踢定位球"为例，幼儿的器械操控能力水平明显提高。

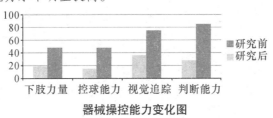

**器械操控能力变化图**

4.形成区域"科—研—训"整合式路径推进幼儿教师体育教学专业素养的模式，推动我区幼儿园体育教学长远发展。

以怎样的方式落实研究任务,提高研究效率与研究辐射力,一直是本研究重点思考的问题。传统教研活动中,往往以"一节课"为基本研究单位,其弊端是参与者往往将视野聚焦在"怎么教"方面,对这一内容的前情后续缺少探讨意识,对核心经验的序列性、系统性缺少研究思考。为此,本研究探索形成了区域"科—研—训"整合式路径推进幼儿教师体育教学专业素养的模式。

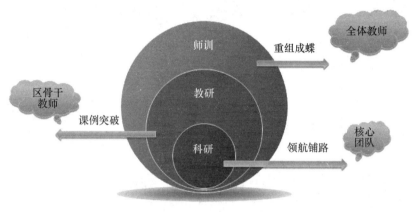

"科—研—训"整合式路径图

1.科研课题引领:领航团队先铺路。

该路径主要依托区域体育集体教学的龙头课题,组建区内核心团队,作为全面开发与实施的领航团。

(1)组核心团队:区科研员依托区域主导课题组建课题组核心团队,由幼教教研员为组长、省体育特级教师为顾问、骨干实验园园长为组员。组员认领单元板块分组研究,通过月月研讨、月月观常态,不断梳理与提炼适宜的教学内容与教学设计,在专业核心经验的基础上领衔提升对体育教学的理解。

(2)建子团队:倡导每位核心成员再申报相关的子课题研究,组建自己的子团队,以大团抱小团、小团抱小团的模式不断加强研究的力度与深度。

2.教研定点抛锚:课例突破中完善。

该路径主要依托区内开展的各次教研活动,将领航团内的研究成果,通过区教研活动课例研磨的形式,让更多的骨干教师受益。

（1）区内联动：每学期领航团队协同教研员策划相关体育集体教学的教研课例主题活动，扩大精英团队研究范围，鼓励区内更多的骨干教师提高对体育集体教学的相关理解，如课例主题"核心动作下的体育集体教学研讨""优化体育集体教学教案的设计与实施"等。

（2）区外联动：每学期将教研活动请进来或者走出去，邀请其他县区或省内外在体育教学上志同道合的教师进行切磋交流。例如，上海体育名师展、市名师学带活动、市园长班观摩、跨区交流等形式多样的体育教学教研活动。

3.师训融汇贯穿：全面重组后成蝶。

该路径主要依托90学分班、短期班培训，协同区师训员、领航团队成员、区体育骨干教师，一起设计相关体育集体教学优化培训活动，逐步向全区所有教师渗透理念并践行实践，争取在全面轮训后，幼儿教师在体育专业方面能破茧成蝶。

（1）90学分幼儿体育专业素养提升班：全面、完整、均衡地提高全体教师体育专业素质。教师可选择在五年一周期内参加一次关于体育专业素养的90学分的普适性集中培训。

（2）短期幼儿体育专业素养提升班：特色、个性、生成地提高不同教师群的专业素质是短期班的目标。定期举办幼儿体育专业素养提升短期培训，3—4天中围绕相对应的幼儿体育专题（如幼儿篮球、足球、体育游戏设计等）展开培训，促进全区教师有特色地发展。

通过研究与实践，我区教师逐渐领悟内化动作核心经验，从最初回避开展体育教学，到如今人人参与教学研究，教风为之一变。"关注经验、强调体验、注重能力、倡导合作、引导交流"，逐步成为我区教师的教学特点和风格。

# 参考文献

【1】裴娣娜，郭华，刘志军，等.教育科学研究方法［M］.沈阳：辽宁大学出版社，1999.

【2】李冲锋.教师如何做课题［M］.上海：华东师范大学出版社，2013.

【3】斯苗儿，俞正强，等.浙江省中小学学科教学建议案例解读：小学数学［M］.杭州：浙江教育出版社，2014.

【4】张晓萍.和谐，教育的发现与回归［M］.上海：上海辞书出版社，2005.

【5】冯卫东.今天怎样做教科研：写给中小学教师［M］.北京：教育科学出版社，2012.

【6】林崇德.21世纪学生发展核心素养研究［M］.北京：北京师范大学出版集团，2016.

【7】陆璟.PISA测评的理论与实践［M］.上海：华东师范大学出版社，2013.

【8】张华.课程与教学论［M］.上海：上海教育出版社，2000.

【9】陈佑清.教学论新编［M］.北京：人民教育出版社，2011.

【10】张哲人.西方教改的本土实践："道尔顿制"在吴淞中学［J］.上海教育科研，2015.

【11】［法］安德烈·焦尔当.学习的本质［M］.杭零，译.上海：华东师范大学出版社，2015.

【12】林乐珍.基于"助学稿"的小学语文"学习设计"［M］.上海：华东师范大学出版社，2016.

【13】张肇丰，李丽桦.课堂改进的30个行动［M］.上海：华东师范大学出版社，2011.

【14】吴丽萍，王羽左.导航助长催发共生——嘉兴区域教育科研的四大效应［J］.上海教育科研，2013（7）.

【15】姜敏.实践共同体视域中成熟期教师适应性专长发展的研究［M］.上海：上海科学普及出版社，2018.

【16】潘红.近年来非连续性文本研究文献综述［J］.上海教育科研，2015（10）.

【17】费岭峰.课堂的魅力——小学数学活动设计与教学［M］.上海：华东师范大学出版

社,2017.

[18] 成尚荣.名师基质[M].上海:华东师范大学出版社,2018.

[19] 费岭峰.小学数学课堂教学中的有效活动探析[J].浙江教育科学,2007.

[20] 杨章宏.教育科研过程(记录本)[M].乌鲁木齐:新疆大学出版社,2000.

[21] 张丰.从问题到建议——中小学教育研究行动指南[M].北京:教育科学出版社,2013.

[22] 王坚红.学前儿童发展与教育科学研究方法[M].北京:人民教育出版社,1991.

[23] 陈向明.在行动中学作质的研究[M].北京:教育科学出版社,2003.

[24] 沈毅,崔允漷.课堂观察:走向专业的听评课[M].上海:华东师范大学出版社,2008.

[25] 邱瑜.教育科研方法的新取向——教育叙事研究[J].中小学管理,2003(9).

[26] 朱德江,费岭峰.植根教育实践的多样化研究——南湖区"自主微型研究"优秀成果集[M].嘉兴:吴越电子音像出版社,2018.

[27] 沈红英,李秀平."野孩子"的天空——幼儿园玩耍运动课程的建构研究[M].杭州:浙江教育出版社,2016.

[28] 王洁,顾泠沅.行动教育:教师在职学习的范式革新[M].上海:华东师范大学出版社,2007.

[29] 崔允漷.有效教学[M].上海:华东师范大学出版社,2009.

[30] 孙智慧,孙泽文.论教育叙事研究的内涵、结构及环节[J].教育评论,2018(2).

[31] 姚计海,王喜雪.近十年来我国教育研究方法的分析与反思[J].教育研究,2013(3).

[32] 渠敬东.迈向社会全体的个案研究[J].社会,2019(1).

[33] 单志艳.初中生自主学习的课堂教学实验研究[J].中国教育学刊,2015(1).

[34] 梁镜清.小学数学教育学[M].杭州:浙江教育出版社,1993.

[35] 张肇丰.撰写文献综述的几个要点[J].当代教育科学,2012(22).

[36] 张良朋,邱学华.小学数学热点问题指津[M].福州:福建教育出版社,2018.

[37] 蒋澍.小学数学教育教学研究年度综述——基于2014年《小学数学教与学》论文转载情况分析[J].2015(4).

[38] 张静.我国职业教育领域一体化教学模式研究文献综述——基于2006—2015年研究

文献的统计分析[J].中国职业技术教育,2017(7).

【39】陆福根.植根现场做教师自己的研究[M].北京:中国文史出版社,2015.

【40】浙江省教育科学规划领导小组办公室.浙江省2008年优秀教育科研成果选编[M].杭州:浙江大学出版社,2009.

【41】田慧生.综合实践活动课程的理论探索与实践反思[M].北京:教育科学出版社,2007.

【42】朱跃跃,张作仁.学情研究,走进学生学习的真实世界[M].上海:华东师范大学出版社,2016.

# 后记：为给自己"减负"而作

给写这本书找一个理由，那就是为了给自己"减负"。

我主持过两项省级课题，担任过12年的学校教科研工作分管校长，自2010年下半年起，又担任区研训中心教育科研工作指导与管理者。

在学校的时候，便有老师来问一些与教育科研有关的问题，比如："我想做个课题，可不知道研究什么？""我前两天写了个课题方案，想申报课题，不知道写得对不对？""我的课题的选题是不是合适？"等。到了区研训中心以后，我接触到更多的老师。又因为是教科研工作的指导与管理者，与老师谈到教育科研、课题研究的机会更多，也经常接到老师的电话，或在QQ、微信上遇到问询与课题研究有关的问题。

同样的问题，回答的次数多了，也会觉得无趣。于是我便开始想，有没有可能将与教育科研、课题研究有关的基本技术，如选题的思考策略、方案基本的写作思路、研究的基本方法等，写成一本说明书一样的材料，供老师们学习参考。说得直白点，以后有老师问到与教育科研、课题研究有关的基础性问题时，我也不必多说什么，只要请他阅读这本书，从书中寻找答案就可以了。

那么，怎样写这样的书呢？

我想到了"以问题为主线"来构思整本书的内容。我找出曾在科研骨干教师培训班和教科室主任会议上做过的一项"关于一线教师课题研究困惑问题的调查"。那次调查，一共收集到99个问题。经过整理，最终归并为46个。

这些问题包括——

如何选择研究主题？

如何让课题的"题目"变得更加明确？

如何搭建课题研究的整体框架？

开题论证一般采用怎样的形式？

课题负责人如何规划好课题组成员间的分工？

结了题的课题如何做进一步深入研究？

……

其实，这些问题在我下校检查指导老师进行课题研究时，也能真切地感受到。许多一线教师确实科研素养不高，研究力不强，对教育科研基本过程也不太了解，却已经在报课题，做研究了。回答这样的问题，告诉老师做课题研究一般需要做好哪些事情，怎样开展课题研究才能真正体现教育科研的价值与意义，显得很有必要。

整本书的构思在2017年的七八月间，决定采用"答问"的写作样式则是在2018年9月。原拟定50个问题，并以"教育科研管理"作为最后一章，选择10个问题。写着写着发现，算上附件，文字比原定字数多了许多，于是决定先就课题研究中的40个问题"答问"成书。

书中对第一个问题的回答写于2018年10月7日。那时正逢国庆假期，正好形成了全书的问题框架，并写就第一篇。其实，那个时候有一种冲动，想多写几篇，但在写作过程中发现，要想每周完成一篇，其实还是有难度的。

虽然在写作此书之前，我也写过一些关于教育科研管理与课题研究的文章，也在下校指导课题时记录了不下10万字与老师交流的关于课题研究的文字。但此书的写作，一则需要基于来自老师的问题，所以很多主题需要再次分解、细化。此前成文的文章，整篇能用的只有三四篇，其他的文字都得重新写出。二是为了让全书的文字更有学习借鉴的价值，需要选取一些省市级获一等奖的研究课题，或引用核心期刊上公开发表的论文、研究报告作为典型例子。下校与老师交流的文字，也基本用不上。

因此，写作每一篇文章之前，一则需要重新构思；二则需要查找优秀课题资料和文献资料，学习优秀的成果；三则在文字表达上，尽量追求贴合一线教师科研实践的，利于一线教师理解，从而能更好地为一线教师提供帮助。所以，每一篇文章都需要花比较多的时间、精力去准备。写作这些文字，用的都是晚上或双休日时间，一般是利用晚上时间构思框架，列出提纲，查找资料；双休日中用一天时间躲进书房写作，倒也可以完成。只是，碰到双休日有工作冲突时，便得需要用某个晚上完成稿子的写作。

事实上，从2018年10月到2019年1月，我还是比较好地坚持下来，完成了前面两章和第三章前一半的文字。可是到了2019年春节假期，被写作省测评报告和区绿评报告打乱了写作节奏，便再难恢复到开始时的样子。2019年上半年，基本能保证每月完成两篇的稿子量已经算是不错的了。直到8月中旬，才完成40个问题的"答问"写作。全书初稿总算是基本按计划进度完成。

回顾写作的过程，虽辛苦，却也颇有收获。40个问题的"答问"写作，既是一种对教育科研实践的再思考，更是一次教育科研工作的再学习、再领悟。书中的内容，可以说是自己近20年来教育科研管理与课题研究实践、思考的成果，也是阅读了大量的文献资料和优秀研究成果的学习感悟。教育科研前辈专家的著作和发表在核心期刊上的优秀研究成果，让我看到许多高质量的研究成果的同时，也进一步打开研究视野，拓宽研究视角，提升了研究思辨力。

比如浙江省教育厅教研室张丰副主任的专著《从问题到建议——中小学教育研究行动指南》，北京大学陈向明教授的专著《在行动中学作质的研究》，江苏南通教授级中学高级教师冯卫东的《今天我们怎样做教科研：写给中小学教师》，还有华师大教育学博士李冲锋的《教师如何做课题》……这些专门谈教育科研方法的专著，在我撰写本书过程中给我诸多的启发，也从中学习借鉴了一些经验。在此，对这些老师、专家说声感谢！

此外，还特别感谢蔡惠英老师及其研究团队，马晶老师、陈微老师及其研究团队，感谢他们提供的课题研究案例资料；也要感谢区内的许多老师，正是在与他们讨论研究方案、进行课题论证、设计研究过程、总结研究成果的交流对话中,让我收获了写作本书的第一手资料。没有与他们的对话交流,可能就不会有本书的分析与思考了。在此,深表谢意!

写作的过程,是思考的过程,也是学习的过程、收获的过程、再成长的过程。当然,由于自身的水平有限,书中的观点和做法难免有不当之处,恳请读者批评指正。

图书在版编目(CIP)数据

怎么做课题研究：给教师的40个教育科研建议/费岭峰著.
—上海：华东师范大学出版社,2021
 ISBN 978-7-5760-1500-3

Ⅰ.①怎… Ⅱ.①费… Ⅲ.①中小学-教育科学-科学研究
Ⅳ.①G632.0

中国版本图书馆CIP数据核字(2021)第053107号

大夏书系·教师专业发展

## 怎么做课题研究
## ——给教师的40个教育科研建议

| | |
|---|---|
| 著　　者 | 费岭峰 |
| 策划编辑 | 朱永通 |
| 责任编辑 | 任媛媛 |
| 责任校对 | 杨　坤 |
| 封面设计 | 奇文云海·设计顾问 |
| | |
| 出版发行 | 华东师范大学出版社 |
| 社　　址 | 上海市中山北路3663号　邮编　200062 |
| 网　　址 | www.ecnupress.com.cn |
| 电　　话 | 021-60821666　行政传真　021-62572105 |
| 客服电话 | 021-62865537 |
| 邮购电话 | 021-62869887　地址　上海市中山北路3663号华东师范大学校内先锋路口 |
| 网　　店 | http://hdsdcbs.tmall.com |
| | |
| 印刷者 | 北京密兴印刷有限公司 |
| 开　　本 | 700×1000　16开 |
| 插　　页 | 1 |
| 印　　张 | 17 |
| 字　　数 | 268千字 |
| 版　　次 | 2021年5月第一版 |
| 印　　次 | 2025年4月第二十三次 |
| 印　　数 | 102 401-105 400 |
| 书　　号 | ISBN 978-7-5760-1500-3 |
| 定　　价 | 58.00元 |

出 版 人　王　焰

(如发现本版图书有印订质量问题，请寄回本社市场部调换或电话021-62865537联系)